素顔の岡村隆史

本多正識
NSC講師・漫才作家

目次

はじめに

一九八四年以来、私は漫才作家を本職として、コント、吉本新喜劇、テレビ・ラジオの構成台本などを数多く書いてきました。そして一九九〇年に、今ではライフワークとなっている、よしもとのタレント養成所ＮＳＣ（ニュー・スター・クリエイション）の講師になりました。

私にとって最初の生徒たちはＮＳＣ大阪校の九期生。この九期生の中に、その後の私の講師活動の原点になる生徒が在籍していました。それが「岡村隆史」、ナインティナインの岡村くんです。

初めて授業をしたクラスで「こいつは絶対に売れる！」と思わせる、とんでもなくキラキラしたものすごいオーラを放っていたのが岡村くん、その人でした。

この年以降、現在に至るまで私が「君らは絶対に売れる」と公言したのは、ナインティナインだけ。

そんな岡村くんは「月謝の未払い」（現在は前納制）で、わずか三カ月で除籍処分、退学させられてしまいました。そのため、私はナイナイのファン第一号でありながら、今日まで一緒に仕事をしたこともなければ、時間をかけて真剣に話をしてこなかったことが、ずっと心残りでした。

私は二〇一二年に脳梗塞で倒れ、再発のリスクを抱えたままですが、幸いにも仕事に復帰することができました。表面上は以前とさほど変わらないように見えますが、いつ再発して命が果てるかわからない中で「岡村くんとじっくり話をしたい」という想いがどんどん強くなっていき、今回の延べ十五時間近くに及ぶ対談が実現しました。

対談をそのまま掲載すると、私の言葉が必要以上に多く入ってしまうので、あえて、岡村くんの話した内容を中心に構成しました。私が知らなかったこと、知りえなかったことが数多くあり、何時間話を聞いていてもキリがない状況でしたが、素顔の「岡村隆史」に少し近づけたのではないかと思っています。

同じ道を行く芸人、タレントだけでなく、さまざまな仕事に就いているみなさんにとっても、生きるヒントがちりばめられている一冊になっているはずです。

第一章

お笑い人生の始まり

岡村隆史の人生を変えた、本多先生のひと言

僕には人生を変えてくれた言葉があります。それは、NSC時代に講師の本多先生からいただいた「ボケとツッコミが逆やで」というアドバイスです。この言葉をきっかけに、ナインティナインは現在のような僕がボケで相方がツッコむというスタイルに落ち着きました。もしも本多先生のひと言がなければ、僕と相方はお笑いを辞めていたと思います。

実は、僕たちが初めてNSCの授業で披露した漫才は、相方がボケで僕がツッコミを担当した唯一のネタだったんです。初めは相方がボケたいと言うので「俺も先輩やし、ツッコミでええよ」と流れで担当を決め、漫才の授業ではその形でネタをしました。僕らのネタを見た本多先生は「どう見てもボケ、ツッコミ逆やろ」とおっしゃったんです。次の授業からは、すぐにボケとツッコミを入れ替えました（笑）。あのときに「逆やで」とアドバイスをいただけたのは、一つの運命だったと思っています。

ＮＳＣに入りたての頃は、九期生の中でとにかく一番おもしろいヤツになりたかったので、周囲に差をつける意味でも「最初の授業で一発かまさなアカン！」と意気込んでいたのを、よく覚えています。

まず僕がどこで一発かましたかというと自己紹介の時間です。そのときは、自己紹介をしたい人が自ら手を挙げて先生に指名されて発表する形式で、軽くものまねを披露するヤツもいて、それぞれに何かしらアピールしていましたが、僕らは、最後の最後で一番おもしろい自己紹介をするために、じっとそのときを待ちました。

そして、本多先生が「最後に自己紹介したい人」と言った瞬間に、先生が相方を当てたんです。相方が当てられたタイミングを狙っていた僕はさっと立ち上がり「えー、岡村隆史です」と、自分の自己紹介をしました。そこで相方も立ち上がり「お前ちゃうやろ！」ってツッコんだんです。周りの生徒は、僕らがコンビであることを知らないので「初日からケンカが始まるんちゃうか？」なんてざわついていたんですけど、本多先生だけは「コンビか？」って、冷静に質問してくれました。僕らが「はい」と答えると、場の空気が変わりました。このときに〝一発かましてやった〟という感覚があったんですよ。さらに、当時は初めからコンビを組んでＮＳＣ

に来るような生徒が少なかったこともあって、周りにインパクトを残すことに成功しました。

本多先生が最後に相方を当ててくれたこと、そして相方が打ち合わせなしに僕にツッコめたこと、大げさですけど二つの奇跡が重なった瞬間でしたね。

この感覚に味をしめて、本多先生の二回目の授業でも〝かます〟ためにネタを作っていったんです。NSC大阪の七期生だった相方の兄貴に夜通しネタを見てもらって、途中でかんだり、ネタ飛ばしたりしないように練習していったんです。そのときには「ネタそのものは二束三文でおもろないけど、漫才の形になってる」と本多先生に評価してもらえたので、努力は報われるんだと思ったのを覚えています。

そして、この二回目の授業で「ボケとツッコミが〝逆〟やで」というアドバイスをいただいたんです。本多先生がいなければ僕のお笑い人生はスタートすら切れなかったかもしれません。

本当に感謝しています。

「本多の気づき」

長い歳月が流れても、ナイナイの二人が「逆やで」のエピソードを語ってくれることに、私自身、本当に感謝しています。

聡明な二人なので、私に言われなかったとしても、時間が経てばボケとツッコミが逆であることに気づいていただろうし、他の講師や先輩方がアドバイスをしてくれたと思います。

それぐらい明らかに〝逆だった〟ということです。

「ボケ」にも「ツッコミ」にも、「絶対にこうでなければならない」と正解があるわけではありません。元来「ボケ」は文字通り、〝ボケたことを言う、ピントのズレたことを言う〟役まわりで、「ツッコミ」は、ボケが発した言葉や動きを〝否定する〟〝修正する〟〝たしなめる〟〝お客さんの代弁者になる〟という役割です。

ですから、力強さ、押しの強さが必要になることが多いのですが、当時の矢部くんの弱々しい声と勢いでは、岡村くんが本来の「ツッコミ」をすることは無理でした。弱々しい声と勢いに目をつむってでも、逆にした方が岡村くんの動きが生きる、ひいてはナイナイが生きると思ったから、あえて〝逆〟と言ったんです。

役割を代えた後も矢部くんはそれほど強いツッコミをすることはなく、「何言うてるんですか、岡村さん」というような、〝さん付け〟の独自のツッコミを開拓して、今に至っていると思います。

実はこの「逆やで」という言葉、初めてＮＳＣの講師をした九期生だったから言えた……言ってしまった言葉です。

それは講師というものがわかっていない、どう指導していいのかわかっていなかったから、感じた気持ちをそのまま言葉にしてしまったんです。今では、これは怖いことだと思っています。私の笑いのセンスがそれほど世間とズレているとは思いませんが、ともすれば、「自分のセンス」の押し付けになってしまう可能性があるからです。

私の授業の基本は「自分たちがおもしろいと思うことを好きなようにやりなさい」です。これは一貫して変わっていませんが、十期生以降は直接的に「ボケとツッコミが逆」とは言わず、「決め込まずにどちらもやってみて、合う方にしたらいい」と、提案はしても決定権はあくまで生徒側に委ねています。

〝無責任〟ともとれる言い方ですが、やるのは生徒。あくまで演者側なので、強制につながるような言い方は極力避けています。

ただ、NSCを卒業して、プロになってアドバイスを求められたときには、はっきりと私の感じていることを伝えているのは、言うまでもありません。私の思う、岡村くんの人生を変えた言葉は、相方の矢部くんの二言。

それは「岡村さんNSCに入りませんか」の誘い文句と、退学になり、岡村くんが「もう辞めようかと思った」ときに言ってくれた「このままやったら負け犬になりますよ」。

ここから、ナイナイのサクセスストーリーは始まっていたような気がします。ときに止まったり、横道にそれたりしたこともあったでしょうが、二人が真摯《しんし》にいつも一生懸命に頑張った結果が今あると思います。

国家公務員だったかもしれない

僕が初めて生の漫才を観たのは、高校生のとき。大阪府の茨木市民会館（現在は閉鎖）で行われた、トミーズさんの公演でした。他の芸人さんに比べると、僕が生の漫才に触れたのは遅い方だと思います。そのとき初めて「漫才っておもろいねんなあ」と思ったことは覚えていますが、まさか僕自身がよしもとの門を叩くとは、夢にも思わなかったです。

周りの芸人さんは、芸人に憧れを抱くきっかけがある人がほとんどなのですが、僕にはそういう劇的なエピソードがないし、お笑いの世界で生きていきたいと思ったことは一度もないんです。

そもそも、僕が目指していたのは国家公務員でした。しかも、国家公務員になりたいと思った理由も、ずっと「どこでもいいから大学に入って卒業して、国家公務員になれ」と、父親に言われて育てられたからでした。今思うと、昔は人に流されて生きていたように思います。

僕としても高校を卒業してすぐ働くのはイヤだったので、大学には行きたかったんです。

とにかく大学に行けたらよかったので、いろいろな大学のいろいろな学部や学科を受けました。でも、僕の世代は第二次ベビーブーム。だからか、どの大学も倍率は十倍以上。

適当に受験した中でも、一番印象に残っているのは大阪芸術大学の芸術学部舞台芸術学科舞踊コース。もちろん、そこに絶対に行きたかったわけではなくて「中学の頃からブレイクダンスをやっているし、受けるくらいええやろ」という軽い気持ちで受験したんです。でも、実技試験の内容はバレエ。

もちろんバレエなんて踊ったこともないし、周りはレオタードを着た女の子ばかり。みんなはトウシューズを履いてるけど、僕だけ上履き、という完全なるアウェーでした。とりあえず、見よう見まねで周りに合わせて踊りましたが、すごくつらかったなあ。

さらに、面接試験ではダンスの経験を聞かれたので「ブレイクダンスで、頭や背中でぐるぐる回れます」と答えたら「それはダンスではありません……。ダンス経験を聞いてるんです」と、高圧的に言われたことは今でも忘れられませんよ。まさに地獄の試験でした（笑）。当然のように、大阪芸術大学は不合格。その他の大学も、名前を書けば受かると噂されていた学校も全滅してしまい、結局一年間浪人することにしたんです。

浪人して、無事に入れた大学は一回生まではまじめに通いました。大学に入学してすぐに入ったNSCは三カ月で退学しましたが、その後も大学生活は継続。かつての心斎橋筋2丁目劇場の支配人は、NSCを辞めた僕らを舞台に立たせてくれていたので、劇場に寄ってからバイトに行き、大学にも行くというサイクルで、それなりに充実した学生生活を送っていました。

でも、順調に大学に通えたのも一回生まで。二回生になったあたりからは、東京での仕事が増えてしまい、二回生の一年間で取れた単位は、たったの四単位。そのときは、父親に「大学だけは卒業してくれ」と頼み込まれて休学しましたが、結局卒業はできませんでしたね。

「本多の気づき」

もし岡村くんが芸大に合格していたら、浪人せずに大学生になっていたら……。過去が違えば、今の「岡村隆史」は存在しなかったでしょう。そう考えると、本当に人生はおもしろく、不思議なものですね。過去が一秒でも違えば、今とは違う人間になっていたわけですから。

ただ一つ言えるのは、岡村くんは〝芸人・岡村隆史〟になるべくしてなったこと。四十歳のときの休養も必然であり、彼をよりパワーアップさせるための流れの中に用意されていたのではないでしょうか。

岡村くんと同じように、芸人になるつもりがなかったのに芸人になってしまい、紫綬褒章《しじゅほうしょう》を受章されたのが、宮川大助・花子の花子さんです。

もともとは芸人を目指して、大助さんは四代目宮川左近さんの、花子さんはチャンバラトリオさんのお弟子さんでしたが、それぞれに挫折されたり、紆余曲折ののち、結婚。ところが結婚生活三年目、どうしても夢を捨てきれない大助さんは、花子さんを口説き落として〝夫婦漫才〟を始め、今に至ります。もしも、あのまま素人のままでいたら、花子さんが首を縦にふらなかったら、大助・花子さんは存在せず、紫綬褒章の栄誉もなかったことでしょう。

ナイナイや宮川大助・花子さんだけでなく「違う選択をしていたら、今はなかったコンビ」のエピソードにはこと欠きません。私が長い間、台本を書いていたトミーズもその一組。

トミーズの健ちゃんは、大学の卒業が決まり、就職も内定していた頃、幼なじみでNSC一期生だった現在の相方・雅くんはNSCでコンビを解散したばかり。いい相方が見つからなかった雅くんは、全くの素人だった健ちゃんを「NSCで漫才しよう」と誘い、NSCに途中入学させて現在に至っています。もし雅くんに声をかけられていなかったら、かけられても誘いを断っていたら、人気芸人・トミーズは存在しません。

二〇一五年にお亡くなりになった今いくよさんは、もともと保険会社のＯＬをされていました。そこで、高校の同級生のくるよさんに「よしもとの面接受けてみいひん？」と誘われて面接を受けに行ったところ、誘ったくるよさんが落とされ、誘われて行っただけのいくよさんが合格。そのとき、いくよさんが「二人一緒でないと嫌です」と断ったところ「そしたら二人で」ということで、漫才師になってしまったのです。

三十年以上にわたって台本を書かせていただき、私に漫才のイロハを叩きこんでくださった、オール阪神・巨人さんも、素人参加番組ではお二人共に「ものまね上手」な有名人でしたが、特別漫才師になるつもりなどありませんでした。それが毎日放送の『ズッコケ学芸会』という番組のオーディション会場で、たまたま一緒にいらしたところ、審査員で来られていた当時の大プロデューサー林誠一さんに「そこのでっかいのんとちっさいの漫才してみ！」と突然指名され、ものまね合戦をするネタを即興で披露し、これが大ウケ。「お前らよしもと入らへんか？」と、スカウトされる形で、トントン拍子に名コンビ、オール阪神・巨人が誕生しました。

私自身も病気療養中にたまたま聞いたラジオ番組で、漫才台本を素人から募集するコーナーに投稿して採用されたことが、この世界に入ったきっかけであり、全ての始まりです。

誰にどんな才能があるかは、本当にわかりません。それがいつ開花するかもわかりません。だからこそ、これだと思ったら、積極的にチャレンジしてみましょう！

NSCの授業

ＮＳＣに入ったばかりの頃は「九期生の中で一番おもしろくなりたい」と意気込んでいましたが、次第に自分の中にある〝お笑い芸人養成所〟のイメージと現実との間に、ギャップを感じるようになりました。

ギャップの一つは、授業のプログラムです。僕は入学する前、ＮＳＣは漫才とコントを学ぶことができる場所だと思っていました。しかし、当時のＮＳＣの授業プログラムは、僕にとって不要な授業ばかり。初めは全ての授業にまじめに出席しましたが、一週間後には「自分にとって意味がない」と感じた授業は全部欠席しました。

ＮＳＣを辞める頃には、ネタ見せができる漫才の授業しか出席していませんでした。漫才の授業だけは、実践的にお笑いを学べるだけでなく〝誰が一番おもしろいのか〟ということが、その場でわかる。僕には、それで十分だったんです。

反対に、不要だと感じたのはダンスの授業やテレビ論などの座学。僕は中学生の頃からダンスを踊っていたので、授業でダンスを習う必要がないと思ったし、テレビ論の授業に至っては、講師の人がわざわざ自分の自慢話をするだけだったので一回目の授業が終わったとき「二回目以降の授業も自慢話で終わるんだろうな」と思い、行くのをやめました。

もう一つのギャップは、周囲の反応です。最初は「どの授業でも目立たなアカン」と思って、いろいろとボケたりしていたんですが、全くウケないし講師の人にはイヤな顔をされました。生徒のみんなもまじめに授業を受けていて、目立とうとする人もいなかったのが意外でした。講師側からしたら、僕は調子に乗っためんどくさい生徒だったとは思いますよ（笑）。そんな感じで、不要な授業を削っていって、最後まで残ったのが本多先生の授業だったわけです。

そのうち、当時の授業料だった月々一万五千円を全額支払うのももったいないなと感じてきました。そもそもお金もなかったので、一回分の授業料を毎回小銭で支払っていたんですよ（笑）。しかも、生徒の間では「NSCは〝出世払い〟できる。ダウンタウンさんも月謝を払っていなかったらしい」という噂もあったので、僕と相方は受付の人に「今日は二百円しか持ってないから、とりあえずこれで授業出させてください！　出世払いでお願いします」と言って、毎回漫才の授業には出席していました。

しかし、ある日突然NSCの入り口に「岡村、矢部出入り禁止」という張り紙が張り出されてしまったんです。大急ぎで職員の人に何事か聞きに行ったら「お前らが月謝を払わへんからや！」と、叱責されました。そうして僕らは、NSC入学からたった三カ月で退学しなければならなくなったんです。

後で聞いた話では、僕らがいた九期から規則が厳しくなったそうです。そうなったら、僕らにはお金もなかったのでNSCを去ることしかできません。このときばかりは、とても不安でしたね。

NSCの退学が決まってから、相方と二人で漫才の授業を担当していた本多先生に、今後についてアドバイスをもらいに行ったんです。すると、本多先生から返ってきたのは「岡村は絶対大丈夫。絶対に売れるから、何が何でもお笑いを続けろ」という言葉のみ。

本多先生は「岡村は何もしなくても絶対に売れるって確信してたから、それ以上言うことがなかった」って今もおっしゃるんですけど、当時僕は「ええかげんなこと言うわ〜。何もしてくれへんのか」と思ったのは覚えていますね（笑）。

「本多の気づき

そらナイナイの二人からしたら、「ええかげんなこと言うわ〜」と思ったでしょうね。でも、あの頃の発言に関しては本当に「絶対売れる」という確信があったから、としか言いようがないんです。

実際、私があちこちに根回しをしようと思えばできたと思いますが、わざわざそんなレールを敷かなくても、ナイナイが自ら切り開いていくだろうし、周囲もそのまま彼らを放置しておくはずがないと考えていました。

私にもう少し〝欲〟があれば、二人を連れ回して売り込んでいたかもしれません。そしたら、〝ナイナイの後ろに本多あり〟と言われたかもしれませんが、外野が余計なことをしなかったからこそ、今のナイナイがあるのだと思います。本当に売れると確信してたんやから……ごめんね、ええかげんで……。

最初のネタ見せの授業で、私が「売れる」と確信したのは、岡村くんを入れて四人だけです。岡村くん以外では、ＮＳＣ大阪二十二期生で「キングコング」を組む前、別々のコンビだった西野亮廣くんと梶原雄太くん。違うコンビでそれぞれのネタを観た瞬間「この二人が組んだらええのに、絶対売れるやん、お互い気づいて組んでくれ！」と心底願いました。

元のコンビを解散して「キングコング」を結成したときは本当に嬉しかったのを今でも覚えています。それほど、しゃべり、動き、存在感、そして、これは言葉にし難いのですが、私が感じる〝雰囲気〟〝オーラ〟が際立っていました。

最後の一人はNSC大阪二十三期生の「友近」。ご存じの方も多いかと思いますが、彼女はもともと愛媛県では知らない人がいないというほど、有名なレポーター。NSCに来たときから、いわば完成品でした。

声は大きく明瞭、身振り手振りも身体の動きも問題なし。もちろん、最初の頃はネタのおもしろさはさほどでもなかったけれど、やはり醸し出される〝雰囲気〟〝オーラ〟が違いました。

私が友近さんにしたアドバイスは一つだけ。「見えない登場人物をより具体的に、どんな人なのか、男性？　女性？　年齢は？　身長は？　体重は？　どんな服装？　と、より細かくイメージして対象に扮すること、そうすればいない人を、お客さんが頭の中で描いてくれる」と、たったこれだけでした。

ＮＨＫの連続テレビ小説『わろてんか』の漫才指導をしていたときに、秦野リリコ役だった広瀬アリスさんを「女性では友近以来」と絶賛したのも、彼女の持つ〝雰囲気〟〝オーラ〟ゆえでした。

稽古のときはいつもスッピンで、「大丈夫かな？」と思うこともありましたが、メイクをして衣装を着て〝リリコ〟になると別人のオーラを感じました。本当に説明できないのがもどかしいのですが、とにかく違うんです。

それにしても最初に「売れる」と感じた四人だけではなく、何倍もの生徒たちが〝売れ〟ました。私の感性が鈍かったことは置いておくとして、ＮＳＣ卒業後の彼らの並々ならぬ努力以外のなにものでもないでしょう。

今の生徒に一番足りないと感じるのは「どの授業でも目立つ」という強い意志や思いではないでしょうか。きっと、各々は「目立とう」と思っているのでしょうが、私を圧迫してきません。だから、もっともっと目立ってほしいと思います。何がきっかけになって、ブレイクするかわからない時代ですから、とにかく、目の前のことを一生懸命やらないと、ＮＳＣに来ている意味がない。

実際にＮＳＣの中で一番になれなくても、一生懸命な気持ちは必ず伝わるから、できることは精一杯やりましょう。

また、芸人になる上で大切な事は〝ＮＳＣの一番〟になることではなく、三年後、五年後、十年後に舞台に立っているか、テレビに出演できているか、お笑いの世界で、しっかり生き残っているかということです。

〝ＮＳＣの一番〟はたんに。最初の目標にすぎません。

卒業後、どれだけ頑張れるか、その土台をＮＳＣの間にしっかり築いてほしいと願ってやみません。

養成所はお笑い芸人の〝入り口〟でしかない

ＮＳＣの生徒の中には「よしもとのＮＳＣに入ればお笑い芸人になれる」「ついに自分のお笑い人生が始まる」なんて、大きな夢を抱いて入学してきた人もいると思います。

でも、養成所という場所は、お笑い芸人にとってのスタートラインでしかないんです。〝あなたがお笑いを始めた〟という事実にすぎません。個人的な意見としては、そこは〝業界の入り口〟で、今後の人生を左右するようなことは自ら取りにいかない限り、学べないと思います。

僕が養成所に通っていたとき、ある先生が「橋の上で漫才するくらいの度胸がないとお笑い芸人として食っていけない」というようなことを授業で言ったんです。すると、その授業が終わった直後に、道頓堀にあるひっかけ橋（正式名称は戎橋《えびすばし》）に同期である九期生が集まっていました。そんなふうにして橋の上で漫才をしたコンビは、お笑い界で天下を取ることもなく、みんな消えていきました。たった三カ月の在学と、その後の周りの状況を見て実感しているのは、何も考えずに〝先生が言った通りのこと〟をやって、放課後気分で養成所内で友達を作っていてもお笑い芸人になれるわけではない、ということです。

僕らは自分の考えで、橋の上で漫才もしなかったし、あまり生徒同士でつるむこともしなかったのですが、今もお笑い芸人として働いています。お笑い芸人を目指している人に、アドバイスできることは全くないのですが、僕らは自分の考えでそうやってきたということです。

もちろん、僕にとってもNSCに入学したことは、お笑いを始めたというきっかけにすぎませんでした。そもそも僕がNSCの存在を知ったのは、相方の兄貴がNSC生として2丁目劇場（心斎橋筋2丁目劇場）の舞台に立っている姿を観に行ったときです。そのときは、僕よりも二期先輩の公演だったので、相方の兄貴の他にもベイブルースや雨上がり決死隊が、舞台上で漫才やコントをしているのを客席から観て「おもろいなあ。あの舞台に立ってみたい」と思いました。しかし、その願望に対して、自らNSCに入ろうとは一切思いませんでしたね。

その後、僕が一浪して大学に入学したのと同じ時期に、相方がNSCに誘ってくれました。

僕自身は、あくまで大学のサークルに入るような軽い気持ちで入学したので、そのままプロのお笑い芸人になろう、とは全く考えていなかったんです。当時は、普通に大学に四年間通って安定した職に就くつもりだったので、もしも相方に誘われていなかったらNSCに入ることもなかったと思います。

そんな軽い気持ちだったので、NSC入学のための面接では、現・吉本興業株式会社共同代表取締役社長CEOの大﨑洋さんに「君らおもろいんか？」と聞かれたときに、軽率に「はい、おもしろいっす」なんて答えていました。今、あの頃の自信満々な自分の発言を思い返すと、本当にアホだな、と思います（笑）。ただ、NSCに通うことが決まってからは、この（九期生の）中で一番おもしろいヤツだと思われたい、という気持ちは、強かったはずです。

僕らは結局、三カ月で退学になってしまいましたが、そのまま通い続けて、たとえNSCを無事に卒業したとしても、売れるわけでもないので、自分たちの力でどうにか人前に出ていくしかいない。NSC内で「一番おもしろいコンビだ」と周りから思われても、在学中に飛び級して、いきなりテレビに出演できるわけでもなければ、よしもとの社員さんが「君らと一緒に心中するわ！」と、話しに来ることもない。たとえ生徒に爆発的におもしろいヤツがいても、会社の人間が実力を見にくることもそうありません。

ただ、このことについては甘やかさないという点でも、本人たちもハングリーになることだろうから、悪いことじゃないとは思っています。

これからお笑い芸人を目指している人や、NSCなどのお笑いの養成所に入った若い人にアドバイスできるようなことはあまりないんですけど、養成所は夢いっぱいの学校ではない、ということだけは言えますね。

「本多の気づき」

岡村くんがいた九期生の頃とは違って、今は授業には必ず、会社の担当者が同席していて、若手担当の社員さんとの風通しもずいぶんよくなっています。しかし、生徒としての基本姿勢は岡村くんの言う通りです。NSCに入ったからといって、何の保証もないことに変わりはなく、オーディションをいくつもクリアしていかないと、舞台には立てません。

岡村くん自身が言うように、軽い気持ちで入学してきても、そこからの向き合い方、対応の仕方によって、その先は大きく変わっていきますから、まずはやってみることが一番大切でしょう。それは、小さなことでもいいと思います。

ＮＳＣ大阪二十二期生の山里亮太くん、のちに南海キャンディーズ・山ちゃんになる山里くんはとにかく質問魔でした。「何か質問は？」と聞くと、必ず手を挙げ、次々に質問をぶつけてくる。あの意欲は見事でした。

ちなみに、彼は最初のネタ見せ授業で、「少なくとも大阪では無理やと思うよ」と〝無理宣告〟をした唯一の生徒です。

まず大阪弁が話せないことや、会話の〝間〟が関西人とは微妙に違う。それでも彼は、私の予想を大きく覆してくれて、現在に至っています。

山ちゃん、ごめんね！　見る目がなくて！　彼がこれほどまでに化けてくれるとは想像できませんでした。

ＮＳＣ大阪二十五期生の銀シャリの鰻《うなぎ》和弘くんは、在学中は違う相方とコンビを組んでいましたが、ネタ見せのエントリーでは必ずトップで、コンビ名の後に書く（）内の本名（鰻）が〝目立って〟いました。

本多「鰻って芸名か？」
鰻「本名です」
本多「珍しい名前やな」
鰻「全国で十数件しかいてないみたいです（定かではありませんが）」
これだけのやりとりで、ネタもそれほどおもしろくはなかったけれど、絶対に忘れないほどのインパクトを残してくれました。そして、鰻くんの人柄がにじみ出ている芸風は、作られたものではなく天然、文字通り「天然鰻」です。
ＮＳＣ大阪二十六期にやってきた天竺鼠《てんじくねずみ》が、最初のネタ見せで披露したネタは、詳細な記憶はありませんが、セオリーから言って、ありえない〝狂気〟を感じるネタでした。
私自身、観ていてもさっぱりおもしろさがわかりませんでした。ところが、ネタの後に本人たちに〝感想〟を言わせたのですが、彼らの言葉を聞いて、「この子らは、わかった上で狂気を演じているんだ」ということが、川原克己くんの説明で理解できました。
「他の講師がどう言わはるかはわからんけど、俺の授業では今日のようにおもしろいと思うことを好きなようにやり」と伝えて、彼らはその後も〝天竺ワールド〟をずっと続けていました。

未だに天竺鼠の二人から「最初の授業で好きなことやりって言っていただいて、ほんとにありがたかったです」と言ってくれます。

今頑張っているＮＳＣの現役生も、すぐに結果が出なくても、講師に何と言われようが、まずは自分たちが一番おもしろいと思うことを存分に見せつける姿勢を前面に出してほしいな、と思います。

小さな天狗時代

僕たちには、〝NSC時代に初めての授業で笑いを取った経験〟と〝NSC生が出場できる「2丁目アマチュア大会」で大賞を取った〟という二つの成功体験がありました。この小さな成功体験は、僕と相方を〝小さな天狗〟にしてしまったんです。

当時「俺たちは九期生の中で一番おもろい」とあぐらをかいていましたが、本当は全くそんなことはなくて、実際はライバルだらけだったように思います。

それを物語るエピソードとして例えば「2丁目アマチュア大会」の優勝特典事件。この大会の優勝特典は、心斎橋筋2丁目劇場（以下、2丁目劇場）の舞台に立てる、というものでした。優勝した僕たちは、舞台に立つ資格も権利もあったのですが、その後すぐにNSCをクビになってしまったので、舞台に立つことを諦めていたんです。

しかし、当時2丁目劇場の支配人をされていた木山幹雄さんのご厚意で、舞台に立てることに。2丁目劇場のお客さんは、いつも十五人ほどしかいませんでしたが「NSCを辞めても、お笑いを続けられる」と思って少しだけホッとしたのを覚えています。

すると、僕たちが2丁目劇場に出ていることを知ったNSCサイドから「どうしてクビになった岡村と矢部が2丁目劇場に出てるんだ」というクレームが劇場支配人の木山さんの耳に入ってしまったんです。

僕らが「またお笑いができなくなるのか……」と落ち込んでいると、そこで木山さんが「うちはおもしろいコンビを作るのが仕事やから、おもしろいヤツは出します」と、反論してくれたんですよ。「おもしろかったらよろしいやん」と言ってくれた木山さんに今も感謝しています。

最終的に〝ナインティナインを2丁目に出す代わりに、同期生のへびいちごも2丁目の舞台に立たせる〟という条件で話がまとまりました。ただ、へびいちごも2丁目に出ると聞いた僕らは「俺らは大会に優勝したから舞台に立ててるのに、なんで優勝してないあいつらまで出てんねん！」なんて、めちゃくちゃ腹を立ててましたね。〝九期の中で一番おもしろいと認めら

れている コンビだ〟という僕たちの思い込みによって、軽い天狗になっていたんですよね。

それからは、大学に通いながら2丁目に出て、大阪で開かれる漫才コンクールにも出場する、という日々が続きました。

さまざまな大会に出ましたが、今でもくやしい思い出となっているのが「今宮子供えびすマンザイ新人コンクール(以下、今宮えびす)」での予選落ち。「九期生の中でトップやったはずやのに、なんで予選で落ちるねん! 何かの間違いやろ!」と、その辺にあったゴミ箱を蹴飛ばしました。〝九期生のトップ〟という小さな天狗の鼻がへし折られた瞬間です(笑)。

今宮えびすでの苦い経験によって、「なんとかしなければ」というモードに切り替わりましたね。僕らだけが突出していたわけではなくて、追い越しては追い越されの繰り返し。身近にライバルがいた証拠ですよね。


さらに、その頃の僕らには〝よしもと〟という高い壁が待ち受けていました。九期生の卒業公演に相方と二人で観客として観に行ったときのことです。当時、よしもとの若手芸人のテレビ出演や舞台を仕切っていた中井秀範さんに挨拶に行くと、開口一番「ああ、お前らか。NS

Cの授業料が払えなくて出世払い、とか生意気なこと言うとんのは。消したるわ」と凄まれたんですよ……（笑）。そのときは「消すってそんなことできるんかい」と思っていたのですが、本当に仕事を振ってもらえなかった時期が続いたんです。

当時、大阪には『爆笑GONGSHOW』や『爆笑BOOOING』など、若手芸人が呼ばれる深夜番組がたくさんあったので、それらに出演している若手芸人をチェックしては「へびいちごが出てたし、次は俺らが呼ばれるんちゃうか？」なんて、毎回そわそわしていたのですが、一向に呼ばれる気配なし。中井さんが言っていた「消したるわ」というのはこういうことか……。

そうやって僕らがくすぶっている間に、NSCを卒業した同期のへびいちごは、シュールなネタが深夜のテレビ番組のカラーにハマり、少しずつ認知度を上げていきました。へびいちごの深夜帯でのレギュラー番組が決まったという噂を聞いたときは、本当に焦りました。

これ以上周りと差が開くのはマズいと思い「とりあえず、去年予選落ちした今宮えびすで優勝せな」と、一念発起。まずは先輩に聞き込み調査をして、今宮えびすで優勝するために必要なデータを集めました。

なにより、予選を通過しなければ意味がないので予選を通るコツを先輩に聞きにいくと「そもそもコンクールの予選なんて、何百人も集まったコンビの漫才をずーっと見せられるんやから、審査員が真剣に見てるのは最初の二十組ぐらいや。朝イチで会場に行って、発表順も十番以内に入らんとネタなんて見てもらわれへんよ」というアドバイスをもらったんです。確かにその通りですよね。

ならば、と気合いを入れて早朝に行ったのですが、それでも八番目の発表でした。上には上がいます。ただ、十番以内に入れたのが功を奏して無事に予選を通過しました。その後も順調に勝ち進み、決勝にも残りましたが、結果は三位……。

大会の審査員とプレゼンテーターを務めていたオール阪神・巨人の巨人師匠が「三位は、ナインティナイン」と発表してくださった瞬間、喜びよりも先に「えー、俺らが一番ウケてたのに、優勝ちゃうんかい……」って心の中でがっかりしてしまったんです。それが顔に出ていたらしく、巨人師匠に「なんや、嬉しないんか⁉　嬉しそうな顔せえよ！」って怒られて、「あ、嬉しいです。ありがとうございます」って答えました（笑）。

それでも結果に納得がいかなくて、授賞式終了後にナインティナインの点数を確認しにいくと、点数の順位では四位だったんですよ。実は、今宮えびすには子どもの審査員が好きなコンビを選ぶ「こども大賞」という賞があって、子どもの審査員が僕たちを指名してくれたおかげで獲れた三位だったんです。

さすがにそのときは「自分たちが一位なんて思ってたのは、エラい天狗やったなー。そら巨人師匠も怒らはるわ」と、すぐに反省しました。

「本多の気づき」

満足すると成長が止まると言う人もいるようですが、私は小さな成功体験のたびに満足して、その満足を糧にして、次のステップを目指してほしいと考えています。ですから、岡村くんも〝小さな天狗〟になってよかったと思います。なぜなら〝小さな天狗〟は必ず鼻をへし折られることに遭遇するから。いつも「上には上がいる」と思っていれば、成長が止まることもないでしょう。

ただ〝大きな天狗〟は始末が悪いので、謙虚に、感謝を忘れないことが一番ですが〝ポンコツ〟になった岡村くん（後述）は〝大きな天狗〟になる心配もないでしょう。

実は、十年ほど前に岡村くんの話にも出てきた木山元支配人から、〝小さな天狗時代〟の話を伺ったことがありました。

そのときの木山さんはビールで顔を紅潮させながら「おもしろかったらよろしいやん！っ て言うたりましてん！　こいつら（ナイナイ）絶対売れるやんと思いましたもん！」と、懐かしそうに、そして嬉しそうに話されていた姿が印象的でした。

そして、ナイナイに「消したるわ」と言い放った中井さんは、私にNSCの講師をするようにすすめてくれた方です。中井さんご自身も、九期生のときから若手の担当になったように記憶しています。当時は中井さんからナイナイがどんなコンビなのか聞かれたし、私からも頻繁に報告していました。

「月謝を払わなくて退学させられたナインティナインっていうコンビは、絶対行きますよ（売れますよ）」と報告をした際に「そんなええのん来ましたか、本多くんがそこまで言うねんから間違いないわ。楽しみやな～。けど、一回（鼻）折っといた方がよろしいな」と言って、ニコッと笑顔。おそらく〝売れるヤツ〟ということを認識した上で〝愛のムチ〟を実践されたんだと思います。

中井さんは終始一貫していて、自分が憎まれ役になってでも、将来のことを考える社員さんでした。

岡村くん、実はそういうことやったんよ！

〝ABCお笑い新人グランプリ〟優勝

当時の芸人にとって、今後の芸人人生に関わる大きな賞レースといえば「ABCお笑い新人グランプリ（現・ABCお笑いグランプリ、以下、ABC）」でした。何より、ABCで優勝することは売れる芸人の登竜門でもあったので、絶対に優勝したかったんです。

そこで僕たちは、ネタ選びからネタ合わせなど、もちろん本番直前まで、さまざまな策を練ることにしました。その策の一つひとつがパズルのようにハマっていったおかげで、僕たちはABCで優勝することができたのだと思います。

まず一つめの策は、ABCの審査員さんが好きな若手芸人になりきることでした。当日の審査員には、新野新さんや香川登志緒さん、藤本義一さんがなることがわかっていたので、そのお三方がいかにも好きそうな〝若手芸人〟になること。その若手芸人像とは〝勢いよく舞台に出てきて、大きな声でテンポよく舞台を大きく使って、汗かくタイプ〟の若手芸人。それらの条件を踏まえて、元気な若手芸人と合致するような内容のものを持ちネタの中から選びました。

次に意識したのは衣装。その大会には、僕らの他に、当時若手の中でも人気者だった雨上がり（決死隊）とFUJIWARA、バッファロー吾郎、トゥナイトさんが出場することがわかっていました。その中で、スーツを着て漫才をするコンビはトゥナイトさんだけ。それ以外は、Tシャツとジーンズのようにラフな衣装でコントをするはず、と当たりをつけたんです。

他のコンビに比べて僕たちの知名度が低い中で、ナインティナインが目立つためには、キレイなスーツを着てコントではなく〝漫才〟をする必要があったんです。そこでさっそく、先輩から舞台衣装を借りました。

ただ、当時の僕らが持っていたネタは漫才ではなくコントだったので、もともとはコントだったネタの導入部分にしゃべりを足して、漫才のスタイルに変えました。さらに、全く大したことがなかったネタを、テンポをよくして、僕の動きがよくなるものにアレンジしたんです。

本番までの練習期間には、相方がツッコむときの〝間〟や〝動き〟にも、細かい指示を出しました。そして、各コンビの持ち時間が五分あるところを、長すぎず短すぎない〝四分五十五秒きっかり〟に漫才が終わるように何度も何度も練習して、本番に備えました。

僕たちの策は、ネタに関することだけではありません。ABCでは、コンビがネタを披露する前に、コンビの推薦人として有名な芸人さんがVTRでコメントをしてくれます。そこで以前、オール巨人師匠が僕らのネタを観てくださったときに「あのちっこい子、よう飛んでたなー」とおっしゃっていたのを覚えていたので、巨人師匠に推薦コメントをお願いしたんです。快く受けてくださって、僕らのネタが始まる前に巨人師匠のコメントVTRが流れることになりました。

そのときのコメントは「あの子らは〝いごき(動き)〟がすごい。〝いごき〟に注目」という内容。そのコメントによって、僕らが本番用に用意していた〝動き回るネタ〟と、巨人師匠の〝動き〟のコメント内容が合致したんです。この巨人師匠のコメントがフリになったことで僕たちのネタがさらに生きる、という構図ができあがりました。ただ、これは余計な話ですが、巨人師匠が動きのことを〝いごき〟とおっしゃっていたのも、ちょっとおもしろかったんですよね(笑)。

推薦コメントが終わり、ついに生放送の本番。あとは、思う存分ネタをやるだけ！　と、袖から勢いよく出ていくと、舞台上にあるはずのセンターマイクがなかったんです。

センターマイクがあれば、自分たちの立ち位置を把握できるのに、目印がなくなっていたのでどこに立てばいいのか、わからなくなってしまったんですよ。内心とてつもなく焦っていましたが、何か言わないと始まりません。

とりあえず「マイクないんですけどもね、どうしたんでしょうねー」と、ひと言入れてからネタを始めると、徐々に落ち着いていき、練習通りに漫才をすることができました。

とっさに出た言葉だったので、特にうまい言い回しではありませんが、「どうしたんでしょうね」と、ひと言入れたことも審査員の評価につながったのかもしれません。センターマイクがなかった理由はわかりませんが、単純にスタッフさんが置き忘れただけだと思います。何にせよ、優勝できてよかったですよ。

この一件に限らず、どれだけ用意周到に策を練っても、アクシデントが絶対に起きないとは言いきれません。それでも、徹底的に準備をしていたおかげで、アクシデントにも対応できた。備えあれば憂いなし、とはこのことですね。

策を練りに練って事前の準備に尽力しても、本番ではどんなアクシデントが起きるか予想もつかない。作り手の責任として最大限の注意を払っていても〝ありえないこと〟が起こってしまうのが本番の舞台だと、認識しています。

「本多の気づき」

ナイナイがグランプリを獲ったABCで、センターマイクが準備されていなかったアクシデントのように通常考えられないことが、実際に起こってしまう。私も番組を観ていましたが、このとき岡村くんが発した「どうしたんでしょうね？」のひと言が冷静に見えたことで、観客と審査員の心をつかむことになったのは間違いないでしょう。

結果として、ナイナイのためにわざわざセンターマイクを置き忘れたようにも思える〝おいしいこと〟になったのです。

それもこれも、ナイナイが周到な準備をした上で不安なく本番に挑んだからこそ、〝笑いの神様〟が味方をしてくれたのだと思います。

当時からオール阪神・巨人さんのネタを書かせていただいていた私は、巨人さんに「ナインティナインという生きのいいコンビがいる」ことを、ＮＳＣ時代からお伝えしていましたし、実際に彼らのネタを観られた巨人さんが何度も「あのちっこい方（岡村）のいごき（動き）はすごいわ、あれは売れるわ、人気出るわ」と、よく話しておられました。

予想通りにナイナイは人気者になり、ずっと巨人さんも喜んでいらっしゃいました。そこで、最近の岡村くんについてどう思ってらっしゃるのか、少し伺ってみましたら、

「そろそろベテランの域に入ってきているけれど、若い感覚を持ち続けていて、チャレンジ精神も旺盛で、まだまだダンスとか身体も動けるようやし、なにより、憎まれない可愛さがいい。その上で、古い漫才も理解して、リスペクトする気持ちをちゃんと持ってる、まぁ可愛い後輩やな」

と、変わらず称賛されていました。

そのオール阪神・巨人さんにも、若手時代に大きなハプニングがありました。デビューの年の一九七五年度の、「ＮＨＫ上方漫才コンテスト」の参加時、優勝候補だったにもかかわらず、予選で阪神さんがセリフを言わなくなってしまって次点になってしまったのです。

当時のことを伺ったところ、阪神さんは、巨人さんがネタを忘れて止まってしまったと勘違

いをされて、巨人さんのセリフを待っていたそうで、今ならアドリブでどうにでも対応されるでしょうが、さすがのオール阪神・巨人も、デビューしたばかりでのアドリブ対応は難しかったようです。

普通ならばこの時点で残念でした、で終わってしまいますが、この後、決勝に残った一組が出場できなくなり、オール阪神・巨人さんは、繰り上げで決勝進出。そして、決勝ではいつも通りの漫才を披露し、優勝されました。

ナイナイのハプニングを超えるハプニングに遭遇しても、それを覆す展開。本当に〝笑いの神様〟がついているんだなぁと、この世界で生き残ってこられた〝強運〟を感じます。

それにしても、応援コメントの件、阪神・巨人さんのネタを書いている私と、NSCの最初の生徒のナイナイ……何かが〝つながってるんやな〟と不思議な縁を感じます。

初めてのNGK（なんばグランド花月）

「ABC（ABCお笑い新人グランプリ）」で優勝をした僕たちは、その後すぐに「NGK（なんばグランド花月）の舞台に立ちたい」と、よしもとに直訴しました。芸人の登竜門・ABCでグランプリを獲り、日本最大級の演芸劇場のNGKの舞台を踏むことは、自分たちにとって一つのステップアップだと考えていたからです。よしもと側も、僕たちがABCを獲ったことを実績として認めてくれたようで、憧れのNGKの舞台に、一週間立たせてくれたんです。

でも、この一週間で、僕たちはお笑い芸人にとって〝顔〟が知られていることの重要性を痛感することになります。実は、NGKの舞台に立たせてもらった一週間、全ての出番で、キンッキンにスベってしまったんです。

初日の月曜日から（現在は火曜始まり）、想定外のできごとが発生しました。普段のNGKの公演スケジュールならば、超若手の僕たちがトップで出演し、その後に先輩芸人さんの出番が来るのが普通。でも、その日はハイヒール（リンゴ・モモコ）さんの仕事の都合で、順番が入れ替わり、ハイヒールさんがトップで、二番目がナインティナイン、その次が中田カウス・ボタン師匠という、イレギュラーな順番になってしまったんです。

正直、僕たちのような超若手が、大先輩に挟まれて出演するなんて、お客さんからしても、僕ら若手からしても「そんなアホな」という順番ですよ。さらに想定外だったのは、僕らの持ち時間。若手なので、せいぜい十分くらいの持ち時間だろうと思っていたら、当日「持ち時間は十五分あるから」と、スタッフさんに言われたんです。特に初日なんで十分のネタしか用意してなかったので、本当に焦りました。でも、僕らにはどうすることもできないまま、本番が始まってしまったんです。

そして、ハイヒールさんが舞台に出ていたときまで、すごく盛り上がっていた客席が僕らが舞台に出ていった時点でシーン……。それはそうですよね。普段の順番からすれば、ハイヒールさんの次は、さらにベテランの芸人さんが出てくると思っていたのに、全く知らない若手芸人がいきなり出てきたんですから。

何をしても笑い声一つしない状況で、僕らも焦ってしまいつい早口に……。大急ぎで次のネタ、次のネタってバーッとしゃべり通したら、やることがなくなってしまい、そのまま「どうもありがとうございましたー！」と言って、舞台から降りてきちゃったんですよ。

すると、スタッフさんが僕らのところに飛んできて「何してんねんお前らー！ まだ七分や、七分しかやってへんやんか！」と激怒。緊張のあまり、僕たちは七分しか漫才をしていなかったんですよ（笑）。

次の出番になる中田カウス・ボタン師匠はまだスタンバイ出来ていない状態。でも、僕らはもう袖に戻ってきてしまったし、仕方がないので舞台の緞帳《どんちょう》を下げることになり、結局劇場内には「しばらくの間休憩させていただきます」というアナウンスが流れるという、まさに最悪の初日。その後も悪夢は続き、六日間全くウケずに終わりました。

もちろん、NGKという舞台をなめていたわけではありません。それまで出させてもらっていた2丁目劇場とは客層が全く違い、僕らのことを知らない人が大多数だということはわかってはいました。たとえそんなアウェーの状況でも、僕らのネタが本当におもしろかったら「ベテランの芸人さんたちの中で、顔も知らん若手なのにおもろいやんけ」と、思ってもらえたはず。でも、誰も笑わなかったということは、僕らのネタはおもしろくなかったんです。

そんな地獄の一週間を乗り切った直後くらいに、ＮＧＫで毎日公演されている吉本新喜劇のオファーが来たので、またすぐにＮＧＫの舞台を踏むことに。ＮＧＫの地獄の一週間のトラウマもありましたが、新喜劇は大先輩がたくさんいらっしゃるので、胸を借りるつもりでオファーを受けました。

その日の新喜劇では、池乃めだか師匠と僕という、身長が小さい二人が絡む場面では、めだか師匠と僕が上手と下手で向かい合い「おぅ、よしもとにもやっとええの入ってきたな」と、めだか師匠がボケると同時に、一階席から二階席までドカーンと笑いが起こったんです。このときは、めだか師匠が僕をおいしくいじってくれたので笑いが取れた状況ではありましたが、ものすごく気持ちよかったのを覚えています。

よしもとの芸人になったからには、ＮＧＫの入り口に「ナインティナイン」という木札を出すのは夢だったし、当時、ＡＢＣで優勝したばかりの超若手の僕らをよく出してくれたなあ、とは思いますけど、ナインティナインとしてNGKにはいい思い出がありません（笑）。

「本多の気づき」

私のスケジュールとナイナイの出番時間が全く合わず、彼らのNGK初舞台は残念ながら観ていません。後になって劇場スタッフさんに、このときの状況を聞いて〝袖で観ときたかったなぁ〟と心底思いました。

私がいたとしても、「焦らんと丁寧にお客さんに言葉を届けるように」と、今でも若手に言っているアドバイスぐらいしかできなかったと思いますが、見知った顔の人間がいるだけでも、少しは落ち着けたかもしれません。

漫才はお客さんを巻き込んで、舞台の二人と客席の間に三角形が作れないと継続的な笑いを取ることができない、本当に難しい芸です。

例えば、最初のボケでウケないと、本来なら次のボケまで十秒かけてしゃべらなければいけないのに、早く笑いがほしくて九秒でしゃべってしまう。すると、一番おもしろい間を外すので、また笑いが取れなくなり、次のボケまでのしゃべりが一段と早くなって、また笑いが取れないという負のスパイラルに陥り時間だけが過ぎて、全く笑いが取れない舞台になってしまう。

どの漫才コンビもこの地獄のような時間を経験して、階段を登っていきます。この大失敗は、トラウマ以上にナイナイの糧になったと思うけど……違うかな？

ナイナイでは叶いませんでしたが、雨上がり決死隊のＮＧＫ初舞台には偶然にも立ち会うことができました。

２丁目劇場で人気絶頂だった雨上がり決死隊も、ナイナイ同様に地方からの団体さんや年齢層の高いお客さんには受け入れてもらえず、クスリとも笑いを取ることができませんでした。客席のあまりの静けさに舞台袖に来られた大木こだまさんが、客席のモニターを見ながら「今日はお客さんおらんのかいな？」と怪訝な表情をされていました。舞台を降りてくる二人の表情は、当然どん底。宮迫博之くんが真っ青、蛍原徹くんは真っ青な上に目の下を痙攣させていたのが今でも印象に残っています。

その日は「先生、どうしたらいいんでしょう？」と力なく聞いてきた宮迫くんに、「もうちょっとゆっくりやった方が伝わると思うけどな……」くらいのアドバイスしかできませんでしたが、さすがに場数を踏んでいる雨上がり。徐々にお客さんに合わせていくようになり、日が進むにつれ、笑いを増やしていきましたね。

若手はこういう〝地獄〟を経験していきながらステップアップしていきます。

そこで次のステージへ進めなかった者は自然淘汰されてしまいます。

ただ、次のステップへ進むのにも個人差、コンビ差があります。

ナイナイのように、あれよあれよという間に世に出るコンビもいれば、ウーマンラッシュアワーの村本大輔くん（NSC大阪二十二期生）のように十年間に九人も相方を代え、十人目のパラダイス中川くん（NSC大阪二十三期生）とコンビを組んだことで、ようやく目が出るケースもあります。

ウーマンラッシュアワーになってからは私も何度も付き合いましたが、正気の沙汰とは思えないほど稽古をしていました。

NSC生はもちろん、若手のみんなも、とにかく稽古をやりましょう！

それ以外に近道はありません。

策の練りすぎはアダになる

僕らの時代は、賞を獲ることが売れるための突破口でした。売れる方法が多岐にわたる今とは違い、まずは賞を獲って「ナインティナインというコンビがいる」ということを、よしもとの人に知ってもらう必要があったんです。当時の芸人にとって重要な賞レースは、「ABCお笑い新人グランプリ（以下、ABC）」、「NHK新人演芸大賞」と「上方お笑い大賞（現在は廃止）」などでした。

あの頃の僕は、重要な賞ほど〝策〟を練って確実に一位を獲りにいくようにしていたのですが、策の練りすぎがアダになった経験もあります。そのとき初めて、策に囚われて失敗することを学びました。

僕らが策に溺れたのは、上方お笑い大賞に出場したときのこと。ＡＢＣでグランプリを獲ったのと同じ年に、上方お笑い大賞にも出場しました。当然、この大会でも作戦を立てて臨んだんです。

その作戦とは、審査員の顔ぶれや客層を意識したものでした。上方お笑い大賞は、年配のお客さんも多く、審査員の方も作家さんや評論家さんなど文化人が名を連ねているので、必ずしも笑いのプロだけが審査する大会ではありません。この客層から〝笑い〟を取るには漫才だ、と考えました。当時のコントは、やらないことにしました。

そこで僕が作ったのは誰もが知っている〝昔話〟を題材にしたネタです。さらに、中高年世代にもわかりやすいボケをちりばめるなど工夫を凝らしましたが、賞は取れませんでした。

綿密に作戦を立てたのに、入賞できなかったことは無念でしたが、何より悔しかったのが、僕らが避けた〝コント〟で出場した雨上がり決死隊が、同じ大会で受賞したこと。僕らは、コントはダメ、若い人向けの笑いはダメといった考えに囚われて、完全に策に溺れてしまったんです。

僕らは、翌年の上方お笑い大賞にも出場しました。そのときは、前回の失敗を踏まえて〝策を練ったらアカン〟という策を練りました（笑）。

そこで、新たにネタを作る際に意識したのが、とにかくボケを連発すること。ボケをいくつも打てるネタが、結局のところ一番いいと……。

そこからさらに内容をブラッシュアップしていき、最終的に「いろいろな恐怖症を持つ人が、ずっと何かに怯え続ける」というネタを完成させました。何が起きても怯え続けるボケを連発したところ、見事、前年のリベンジを果たすことができました。

このときは、自分でも手応えがあったし、審査員の藤本義一さんに「満場一致でナイナイやったで」という言葉をいただけたのも、素直に嬉しかったですね。まあ自慢話ですけど（笑）。

これは余談なんですけど、ＡＢＣ優勝後から、明らかに周囲の人々の対応の変化をひしひしと感じていました。一番わかりやすい変化があったのは、僕たちを「業界から消す」と言い放った中井さんです。

僕らは、上方お笑い大賞の銀賞を受賞してでっかいトロフィーをいただいたんですけど、授賞式の後で新幹線に乗って東京に仕事へ行く予定だったんです。トロフィーを東京に持っていくわけにもいかないし、途方に暮れていたら、あの中井さんが「そのトロフィー、俺が持って帰っといたろか？」と、笑顔で話しかけてきたんですよ。

その瞬間、僕らは心の中で「え？？ 優しい（笑）」と、その場で和解しました。その後も、中井さんは突然パソコンをくれたり、仕事を振ってくれたりして、とてもよくしてくれたんですけど、ここまであからさまな手のひら返しをされると、笑ってしまいますよね（笑）。もちろん、中井さんだけでなく、他のよしもと関係者の対応も、ＡＢＣを獲ったあたりから変わっていったので「そういうもんなんやな」と、感じたのを覚えています。

本多の気づき

〝策士策に溺れる〟とはよく言ったもので、ナイナイの上方お笑い大賞敗退のようなこともまあります。

それでも、策を練らずに漫然と構えているよりも、それだけ頭を捻って、知恵やネタを絞り出しているわけですから、そのときは結果が伴わなくても頭の引き出しに入っているので、のちのち役立つことになるはずです。それを証明しているのが、上方お笑い大賞でリベンジを果たした「〜恐怖症」のネタだと思います。今でもよく覚えていますが、本当によくできたネタでした。

そして、さまざまな賞レースで勝ち上がったナイナイが感じた、社員さんたちの〝手のひら返し〟は、文字通りあからさまなものだったのかもしれませんが、まあこういう世界では、よくあることなのは事実です。蜂が蜜に群がるように、売れそうな芸人に関係者が群がってくるのは当然といえば当然。

でも、前述したように中井さんの〝手のひら返し〟は、他の人とはスタンスが違うはず。中井さんは、私から「ナイナイは売れる」という事前情報を受け、ご自分でもナイナイのネタを観た上で、当初から大きな期待を寄せておられたので、上方お笑い大賞の入賞が、本当に嬉しかったんだと思います。

業界人の手のひら返しといえば、トミーズ雅くんのデビュー当時のエピソードが忘れられません。もう三十年以上前のことですが、ラジオの仕事で朝日放送に向かったとき、何度か顔を合わせたことがあるディレクターの姿が見えたので、大きな声で「おはようございます！」と挨拶をしたところ、明らかに目が合っていたにもかかわらず、そのまま〝スルー〟して行ってしまったそうです。

それから数年後、トミーズの人気が上がり、テレビにちょこちょこ出演するようになり、一九九三年『笑っていいとも！』のレギュラーになると、朝日放送の廊下の離れたところから、そのスルーしたディレクターが駆け寄ってきて、満面の笑みで「雅く～ん、おはよう！」と、挨拶してきたとか。これぞ手のひら返しの典型でしょう。

お笑い芸人に反対だった
まじめな父親

いろいろな賞レースに出るようになって、全国区のバラエティ番組に出演するようになるまで、父親は僕がお笑い芸人になることには反対でした。

父親は、高卒で会社に入って、転勤もなくてずっとそこで働いて定年を迎えた、まじめなサラリーマン。僕に国家公務員になってほしくて、ずっと「どこでもいいから大学に入って、国家公務員になれ。手堅い職業に就きなさい」と、言い続けていたくらい〝安定〟を重視するタイプでした。僕自身も、父親の教えの影響で将来は国家公務員になろうと真剣に考えていたんですよ。父親の性格を考えると、お笑いをやっていることは絶対に言わない方がいいなと思って、NSCに入ったこともずっと黙っていました。

そんな父親にお笑いをしているのがバレてしまったのは、ABC（ABCお笑い新人グランプリ）に出場してグランプリを獲得したときです。ＡＢＣは日曜のお昼から夕方まで、ずっと放送されている生番組でもあるので、関西では適当にチャンネルを変えただけでもＡＢＣの放送が目に入ってしまうのですが、僕の家族も僕が出場しているＡＢＣを観てしまったそうです。

父親は僕らが漫才しているのを観て「なんや隆史が漫才しとんで⁉ 優勝しおった！」って、大きい声で母親に言ったらしいです（笑）。

そして、グランプリを獲った夜、家に帰ると、机の上に父親からの手紙が置いてあったんです。

「おめでとう。今日テレビで漫才をしているのを観ました。びっくりしました。優勝をしたということは、努力もしたと思います。でも、あくまで趣味にとどめておくように。あなたの本業は学業ですので、まず大学で勉強することを最優先にしてください」

そう書いてありました。優勝したことを褒めつつも〝あくまで趣味にしなさい〟と念押しする内容だったので、僕が本気でお笑い芸人になることに反対している、ということがよくわかりましたね。

父親の反対をよそにお笑いを続けていると、東京での仕事が少しずつ増えていったんです。そうすると大学に行く時間がどんどんなくなってしまい、二回生のときにはたった四単位しか取れませんでした。学校に行けない状況と、取得単位の少なさから大学を休学するかどうかで、このときは父親と大ゲンカ。

「東京で仕事が始まってるから、試験も受けられへんねん」

「いやいや、お前何も出てへんやん。テレビで忙しい言うても、全然見いひんやないか」

「いやいや、東京ローカルやからこっちではやってないから!!」

「でも、このまま大学に行かないなら、金をドブに捨ててるようなもんや。どないすんねん!」

という押し問答が続き、最後には「お笑いの世界なんてうまくいくはずないんだから、せめて大学は卒業しろ」と説得されて、休学することになったんです。休学中は、全額とはいかないまでも学費を払う必要があったので、父親がずっと払い続けてくれました。せめて、学費を払ってもらえている間に、全国ネットに出ている姿くらい親に見せなアカンと思って、頑張りました。

大学は八年間在籍していたのですが、八年目に「大学は辞めるんやな?」と確認され、結局は辞めることになりました。もうその頃には全国ネットにも出ていたし、お笑いについてはあまりごちゃごちゃ言われませんでしたね。どこかのタイミングで、僕が大学を出て国家公務員になる、という将来を諦めたんだと思います。

父親がいつからお笑い芸人として、僕を認めてくれたのかはわかりません。でも、あるときから僕が出演しているテレビ番組を録画してくれるようになったんです。それを知ったとき、口には出さないけど認めてくれたんだなあ、と感じましたね。

ただ、僕が全国ネットに出始めた頃から実家の周りがすごい騒ぎになってたらしいです。たとえば、近所の学校に通っている小学生がピンポンとベルを押しに来たり、家の敷地内に停めていた車にイタズラされたりして、ある意味で観光スポットになってたみたい。今も実家に帰ったときに「ここ岡村の家やでー」っていう声が聞こえることもありますけど、家の周りはかなり落ち着きました。

昔は何も言わなかったのに「あの頃は大変やったんやで」と、今になって父親にぼやかれていますね。東京にいる僕に気を遣っていたのかもしれません。そういう面でも、両親にはとても迷惑をかけたと思っています。

「本当の気づき」

自分自身が好きなことしかやってきていないので、我が子が「芸人になりたい」と言っても止めることはないでしょう。それでも、芸人の世界がどれほど過酷で厳しい世界かをおそらく誇張して、針小棒大に伝えて自分から諦めるように、気持ちが萎えるように説明をしてしまうような気がします。それほど、生き残るのが難しくて厳しい世界だからです。

岡村くんのお父さんも、息子の行く末をほんとに心配されていたと思います。その上でよくぞ見守ってくださったと、〝岡村ファン〟の一人として感謝の気持ちでいっぱいです。そうでなければ現在の「岡村隆史」は存在しなかったのですから……。

ちなみに私がこの仕事を始めたのは、療養中にたまたまラジオ番組へ投稿した漫才台本が十一本続けて採用されたことがきっかけでしたが、高校も中退し、何の資格も持たない私には「漫才台本」にすがるしかなかった、というのが現実でした。ですから、親からの反対も何もありませんでしたし、確執があった父からは「作家になんか、そない簡単になれるもんやないぞ」という〝捨て台詞〟をもらっただけでした。

実際に芸人さんと接するようになって、彼らのすごさを実感しています。授業や舞台でのネタにダメ出しはしますが、私自身は舞台に立って漫才やコントを演じることなど到底できません。上手下手、おもしろいおもしろくないは別にして、舞台に立ってしゃべっている時点で、プロ、アマチュアを問わず無条件にリスペクトしています。「芸人さんはすごい！」と心底思っています。

それだけに、売れてほしい、人気者になってほしいという思いが強いので、余計に到達点を高く設定して若手のネタを観ているのかもしれませんが、私の壁ごとき、登り、突き破れないようでは人気者にはなれません。

若手のみんな、まだまだやれることはいっぱいあるよ！

第二章

東京進出

吉本印天然素材時代

一九九一年、よしもと所属の六組の若手芸人で結成された、お笑いダンスユニット・吉本印天然素材（以下、天素）に、僕たちナインティナインも参加することになりました。ユニットそのものは、それなりに人気があったのですが〝ナインティナイン〟は、個別で見ると、影の薄いコンビだったんです。

天素メンバーには、当時の若手の中で人気があった雨上がり決死隊や、FUJIWARA、バッファロー吾郎など、認知度が高いコンビがいる中で、どうすれば観ている人たちに強烈なインパクトを与えることができるのか、そればかりを考えていました。

そこで閃いたのが〝スーツを着ること〟。他のメンバーは、『吉本印天然素材』の出演時も、ボロボロのジーンズとTシャツを着ていることがほとんどだったので、その中でスーツを着ていれば目を引くことができると思ったんです。ただ、そのときは演出家の人に「天素はダンスから始まるのに、スーツにネクタイ締めて踊るのはおかしいんじゃないか?」って言われ続けました（笑）。

ましてや二十代のときは、〝何がおもしろくて何がおもしろくないか〟の判断がほとんどつかない。それならば、一分間のネタでも踊りでもインパクトを残すことが重要だと思って、収録中は飛んだり跳ねたり蹴ったり、とにかく動き回っていましたね。そのうち、少しずつですが、テレビの前にいる人たちに「あのちっちゃい子、誰?」と、気にしてもらえるようになったと思います。

それと、当時のフジテレビのディレクターさんだった方が『吉本印天然素材』で僕らのネタを観て「大阪っぽくないな〜」と感じてもらったことがきっかけで、東京のテレビ番組に呼んでもらえた、という経緯もあるんです。

よしもととしては、天然素材の中から一組か二組が東京進出の足がかりになれば、と考えて天素を作ったと思います。

しかし、フジテレビから声がかかったのが、全くのノーマークだったナインティナインだったんです。よしもとの担当者は驚いて「雨上がりじゃなくて、ナインティナインですか⁉」と、聞き返したとか。もしかしたら、おもしろいかおもしろくないかは別として、〝テレビでインパクトを残す〟ことが、僕らには向いていたのかもしれません。

「本多の気づき」

〝インパクトを残す〟。これは、ナイナイの岡村くんがＮＳＣの最初の授業から、一貫して考えていたことです。

時代がどう移り変わっても、芸人であろうとする者は片時も忘れてはいけないことです。ナイナイと同期のほっしゃん。（現・星田英利）。最初にネタを観たときにすでにチュッパチャップス（後にチュパチャップスと名称変更）で宮川大輔くんとコンビを結成していたのか、まだピンだったのか記憶は定かではありませんが、コントの中でヤンキー座りをするときに、後ろ向きで本当に、パンツを下ろしてお尻を丸出しにしました。

そのネタを見た生徒からは「お〜」という悲鳴とも歓声ともつかない声が上がりましたが、当然ながら私もこの一発で彼のことを覚えました！

「舞台やテレビではNGやぞ」とダメ出しをしながらも「おもろいヤツ出てきたな」と嬉しくなりましたし、それはそれは強烈なインパクトを受けました。

NSC大阪十三期生の野性爆弾の川島邦裕くん、今は「くっきー」と呼ばれていますが、彼も丸刈りでジーンズにチェーンを十数本ぶら下げて、歩くたびにジャラジャラジャラジャラ、うるさくて注意をしたことがあります。ただ、あの風貌です。どういう反応をするかわからなかったので、こちらも内心は戦々恐々で「うるさいからネタに関係ないチェーン外せ！」と言うと、「わかりました」と素直にチェーンを外してくれたギャップも、これまた強烈に印象に残りました。

そして、NSC大阪二十六期生、天竺鼠の瀬下豊くん。最初の芸人としての心得を伝える授業のときに、彼はいかにも九州男児という濃い顔に坊主頭で一番後ろに座り、私に対して授業中ずっとメンチを切っていたんです。片時も視線を外すことなく……。これはすごい迫力で強烈なインパクトでした。

後でそのときのことを聞くと「なめられたらあかんと必死でした」とのこと。なんで生徒のことなめんねん（笑）。

若手はもっともっと強く〝インパクト〟を意識してもらいたいです！　そうするうちに表情、目の動き、身振り手振り、声の出し方などなど、それぞれに個性の違いがはっきりと出てきます。

ただ、全く違うインパクトの残し方をしたというか、図らずも印象に残ることになったのが、NSC大阪二十六期生、かまいたちの濱家隆一くん。千鳥の番組でバンジージャンプをすることになった彼は、実はかなりの高所恐怖症でした。本来、準備から飛び終えるまでおそらく三十分もかからないはずのところ二時間以上ジャンプ台に立ち尽くし、何を言われても飛ばずに、日没で収録が打ち切られることになってしまいました。その話が、翌日には多くの人に知れ渡っていました。

相方の山内健司くんに「先生、怒ったってください」と頼まれましたが「よう飛ばんかった！　これからも飛ぶな！」と言って、逆に称賛。山内くんに「なんで?」と呆れられましたが、こういう種類の仕事は、やる・やらないではなく、できる・できないで判断しないと、取り返しのつかない事故を起こしてしまうことがあります。スタッフさんは「画面」のおもしろさだけでなく、そのあたりのことをよく考えてもらいたいと思います。

話がちょっとそれましたが、芸人に限らず、いろいろな職場で形は違えど、その職種、職種によって〝インパクトを残す〟方法はさまざまにあると思います。

例えば、「時間に正確」「デスク周りがきれいにかたづいている」「リアクションが早い」「声が大きい」などなど、やる気さえあれば誰にでもインパクトを残せることがきっとあるはずです。この気持ちは、みんなに持っていてほしいものです。

吉本印天然素材との離別

よしもとの若手芸人を集めて結成したお笑いダンスユニット・吉本印天然素材（以下、天素）に、僕たちが所属していたのは約三年ほど。雨上がり決死隊を中心に、ＦＵＪＩＷＡＲＡやバッファロー吾郎などが参加しており、同名のテレビ番組も放送されるなど、若い女の子に人気がありました。

最初の頃は、ナインティナインも知名度や人気がなかったので、あまり深く考えず「踊っていればいいか」と思っていました。でも何となくですが「このまま天素にいても〝ダメかもしれない〟」と感じ、天素から抜け出す方法を模索し始めたんです。

そこで僕たちは、コンビのネタ作りに力を入れるようにしました。

天素時代のネタ作りで意識していたのは〝動きを抑えること〟。周りのメンバーのネタは「なんでやねーん！」と、全力でツッコむようなオーバーな動きをするコントが多かったので、僕たちは動きを少なくするネタを作ったんです。特に僕は、天素のダンスパートでセンターを務めていたので、お客さんも〝動きの岡村〟と認識していたはず。そこをあえて、コンビのネタでは動きを抑えることでギャップを目立たせたんです。

ダンスではハデに動きつつ、コントのネタではあまり動かない、ということが逆に目立って東京での仕事がだんだんと増えていきました。

そして、一九九四年に天素を脱退。僕たちが抜けるのと同時に、天素の冠番組『吉本印天然素材』が最終回を迎え、後続番組として僕たちの冠番組『ぐるぐるナインティナイン』の放送が始まることになりました。

もちろん、僕と相方は『吉本印天然素材』の枠で、『ぐるぐるナインティナイン』が始まる、ということは知っていましたが『天素』の最終回までは『ぐるナイ』が始まることをメンバーには伝えていなかったんです。

そのため、スタッフさんを含めて天素メンバーと一緒に『吉本印天然素材』の最終回を観ていると、「次週からは『ぐるぐるナインティナイン』が始まります！」という予告が流れた瞬間、楽屋の空気が凍りつきました。

そりゃそうですよね。だってついさっきまで「最後まで頑張ろうな！」って言ってた仲間の新番組が始まる、しかもそれを次週の予告で知るなんて状況、僕が逆の立場だったらめちゃくちゃ腹が立ちますよ（笑）。

ただ当時は、自分たちの名前がついた冠番組が始まることへのプレッシャーの方が強くて、他のメンバーの気持ちにまで気が回りませんでした。今でも「『天素』最終回事件」のことを思い出したメンバーから「あのときはホンマにありえないと思った」「はらわたが煮えくり返った」なんて、怒りをぶつけられることがあります。そのときは、素直に謝っています。

天素を抜けずに続けていたら、また違う芸人人生になっていたかもしれない、とは思います。でも、あのときの自分たちに天素に残るという選択肢はありませんでしたね。

「本多の気づき」

居心地のいい場所に留まるか、先は見えないけれど新たな挑戦を始めるか、判断に迷うところですが、ナイナイはしっかり戦略を立てていたんですね。もちろん、他の天素メンバーもそれぞれに考えがあったとは思いますが、ナイナイが一歩、あるいは二歩先を見ていた、ということになるのでしょう。過去の戦略について語ると、それに対して「売れたから言えんねん」と感じる人も多いと思いますが、結果論ではなく、必然的にそういう流れになっていったんだと思います。しかし、そのとき自分が天素のメンバーの一人だったら、やっぱり「お前らしばくぞ！」って言ってたかもしれへんな……。

天素はダンスを中心にした「アイドルユニット」でしたが、当時の私は、彼らより上の世代との仕事が多かったので、ほとんど関わりがなかったし、生の舞台は一度も見たことがありません。

当時はダウンタウンが東京へ進出したことで女性ファンが離れていったため、若手芸人をアイドル化させて次世代の女性ファンを呼び込む必要があったのだと思いますが、私は会社の方針を懐疑的に見ていました。そもそも、お笑い芸人やタレントになりたくてＮＳＣに来た子たちにとって、ダンスは本当にやりたいことなのか？　もちろん、ダンスができないより、できた方がいいに決まっています。それだけ芸の幅が増えるわけですから。でも……「？」と疑問が強かったのが本音です。

それでも、天然素材のメンバーにとっては、実際に多くのファンに支持され、名前を売り、得難い経験ができたのですから、結果的によかったのだと思います。誰がなんと言おうと、芸の世界は、結果が出せなければ表面的には、何もなかったことになってしまう世界です。

あえて表面的にはというのは、結果がどうであろうと努力したことは必ず自分の糧になって身についていると信じているからです。

当時の雨上がり決死隊はネタに勢いがあっておもしろかったですね。宮迫くんの表情の作り方、顔の使い方が秀逸でした。それを見守る蛍原くんとのコントラストがよかったな。

ＦＵＪＩＷＡＲＡの二人はとにかく元気で、前に出ようとするエネルギーが半端じゃなかった。一度だけ番組のロケで、ＮＳＣの授業にＦＵＪＩＷＡＲＡが取材に来てくれたことがありましたが、その声の大きさ、押しの強さに生徒が驚いていたのを今でも覚えています。バッファロー吾郎も押しが強く、いつも〝自信満々〟な表情が印象的でした。

チュパチャップスは、なんとも不思議な独特の雰囲気〝チュパワールド〟を持っていたので、二人があのままコンビで活動を続けていたら、どんな〝ワールド〟を作り出していたか……。ナイナイ同様、ＮＳＣで初めて指導した生徒だけに、見てみたかったなという思いが強いです。

へびいちごの二人も独特の世界感があって、私は好きでした。メディアの露出は減りましたが、今も劇場や営業でしっかり生き残っています。

ポストダウンタウンと言われること

東京でテレビの仕事が増えはじめた頃、僕らのことを「ポストダウンタウン」と呼び出した人たちがいました。

でも、正直に言ってあの頃呼ばれていた「ポストダウンタウン」という呼び名については、ずっと違和感があるんですよね。

僕らからすれば、ダウンタウンさんは本物のスーパースター。自分がお笑いの世界に入るまで、テレビに出ている人たちという印象しか持っていなかったし、この世界に入ってからも、雲の上の存在。そもそも、僕たちにはダウンタウンさんのような漫才はできないことは自覚していたので、当時から漫才とは違う方向の〝お笑い〟でやっていこうと考えていたんです。

しかし、僕らの考えとは裏腹に、仕事はどんどん増えていきました。特に慣れていないテレビの仕事では、率先して前に出ることができず、ひと言もしゃべらずに終わってしまうことがほとんど。そんなことを続けていたら、「実力がない人気先行型のコンビ」なんて言われるようになってしまったんです。

ただ、少なくとも、僕らは「ポストダウンタウン」なんて思ったことは、一度もないです。そんな状況になってしまった原因の一つは、僕らのようなイレギュラーな東京進出をした芸人がいなかったからだと思います。当時で言うと、大阪の芸人が東京進出するためには、まず大阪で天下を取ってから東京に出るというのが基本でした。そのため、当時のよしもと側としては、大阪で人気を博していた雨上がり決死隊が僕らよりも先に、東京進出する予定だったと思います。

そんなときに、全くノーマークだった僕らの仕事が東京で増えてしまったので、今思えば、会社側が〝芸人の基本ルート〟から外れたナインティナインを、どうマネージメントすればいいのか戸惑ったのではないかと思います。

二〇一八年になった今でも、ネットには「ダウンタウンとナイナイには確執がある」なんて書き込まれていますが、僕らから何かアクションを起こしたことはありません。それでもダウンタウンさんとナインティナインの共演が少ないのは事実です。

なぜそうなってしまったのかを自分なりに考えてみたのですが、自分たちもそうですが周りの人たちも気を遣いすぎたのではないかと考えています。

こんなこともありました。東京の仕事が始まったばかりの頃に、ダウンタウンさんの特番『ダウンタウンスペシャル　男ットコ前やなー！』の前説の仕事を任されたときのこと。

その頃の僕たちは、ダウンタウンさんを見かけただけではしゃぐような素人丸出しの若手。バラエティ番組の収録に前説があることも知らなければ、神奈川県の緑山スタジオに行けって言われても、緑山がどこにあるのかもわからないような状態です。もちろん、僕らのような若手にはマネージャーもいませんでした。

大阪から東京駅に着いて、タクシーに飛び乗り「緑山スタジオまで」と、運転手さんに伝えたら「結構遠いよ？」と言われましたが、とりあえず出発。渋滞にハマってしまい、タクシーでスタジオに着いたときには入りの時間は大幅に過ぎていて、玄関で僕らを待っていたスタッフさんが「急いでくれー！」と叫んでおり、まさにてんてこ舞いのスタートでした。

そのまま、何の打ち合わせもせずに、僕らが〝前説〟をすることになったんですけど、そのときは「前説って一体何やねん！」という状態で挑んだので、ほとんどヤケクソでした。前説は、拍手の練習や収録中の禁止事項をお客さんに伝える仕事なのですが、僕らには何をすればいいのかもわからなくて、キンッキンにスベったんですよね。

ダウンタウンさんの番組で、僕らがどスベりしたことで、スタッフさんたちは「コイツら何もでけへんやんけ」と思ったのではないでしょうか。

周りの人や、世間の人が「ポストダウンタウン」と言い出したこともあって、僕自身は、仕事の仕方や取り組み方でも〝ダウンタウンさんではない方〟を、意識して選ぶようになりました。ダウンタウンさんならこの仕事はしないから僕らはやろう、とか、ある意味では仕事を選ぶ一つの基準になっていたんです。それでも「ダウンタウンさんの笑いが染みついているんやな」と感じるときがあります。

テレビでお二人の姿をずっと観ていたわけだし、ダウンタウンさんの番組を観たときに、松本人志さんが放ったフレーズが頭の中に残っていて、その言葉を何気なく使ってしまうこともあります。特に、自分の笑いの引き出しがない状態で仕事だけ増えてしまった頃は、頻繁にそういう発言があったかもしれないです。

「本多の気づき」

「ポストダウンタウン」と言われたコンビは、ナイナイの他にいたのでしょうか？

ブラックマヨネーズ？　フットボールアワー？　キングコング？

一時期は、彼らがそう呼ばれていたようにも思いますが、残念ながら私には定かな記憶がありません。

また、呼ばれていたとしても本気でそう思われたコンビはいなかったでしょう。それだけ、お笑い業界にとって「ダウンタウン」は特別な存在だということです。

にもかかわらず、ナイナイをはじめ、まだ何も知らない新人芸人に対して「ポストダウンタウン」などと、大看板を背負わせようとすることの方が不思議です。

私は、ナイナイに出会ったとき、そんなことを考えもしませんでした。

「ダウンタウン」は「ダウンタウン」一代限りのもの。

ですから、ナイナイがその意に反して「ポストダウンタウン」と言われ続けた、その居心地の悪さは察するにあまりあります。

個性・芸風が全く違う者同士を同じ土俵で比べようとすること自体に無理がある、といつも感じています。そもそも私は「ポスト〇〇」という言い方が好きではありません。というより、嫌いです。

「ポスト〇〇総理」「ポスト〇〇CEO」のように、人が代わってもその地位や役職が変わらないものならわかりますが、芸人やタレントは一人ひとりが「個人商店の経営者」。

また、芸人側もそう呼ばれて喜んでいるとは思えません。社交辞令は別にして、「ポストダウンタウンじゃなく、俺たちは〇〇だ」と考えているはずだし、それぐらい〝アク〟が強くないと、生き残ってはいけません。

メディアは、まだ世間によく知られていないコンビをよりわかりやすく形容するために、便宜上「ポスト〇〇」を使っているのでしょうが、わざわざ形容する必要もないと思います。

「ポスト〇〇」と同じように「〇〇二世」「第二の〇〇」、この呼び方にも違和感を持っているのは、私だけではないでしょう……。

一人ひとり、コンビコンビ、みんな違うんです。だからおもしろいんです。違う個性がぶつかり合うからこそ、想像を超えた成果が得られるのだと思います。

「おもしろい」と感じるのは十人十色、千差万別、ひとりひとり違います。

とにかく、まずは自分たちが「おもしろい」と思っていることを自信を持ってやりましょう。

そこからしか、なにも始まりません。

そして「ポスト○○」ではないオリジナルな「○○」として、呼んでもらえるようにしっかりやりましょう！

全国ネットで爪痕を残すために〝策〟を練って臨んだ『いいとも！』

僕たちが出演した全国ネットの番組に、一九九四年の『笑っていいとも！（以下、いいとも！）』の人気コーナー「テレフォンショッキング」がありました。

あの頃は、『いいとも！』のように今後の芸人人生に大きく影響しそうな番組に出演するときには〝策〟を練って臨むのが僕の常套手段。しかも『いいとも！』は、子どもの頃から観ていた憧れの番組だったので、なんとしても、番組スタッフさんや全国の視聴者の心に爪痕を残したかったんです。

そこで、僕らが実行したのは〝花くれ作戦〟です。『いいとも！』のテレフォンショッキングといえば、ゲストの出演を祝う意味で、知人が贈る花（贈花）が一つの名物でしたよね。僕らはこの贈花を利用したんです。

テレフォンショッキングの出演が決まってからすぐ、ナインティナインと共演したことがある芸人さんやタレントさんに、片っ端から電話をかけて「『いいとも!』に出るので、花を贈ってほしい」と頼み込みました。その結果、当日にはスタジオアルタに入り切らないほどの花が届きました。テレフォンショッキングの本番では、スタジオに入り切らなかった贈花も映されました。小さなことですが、番組のスタッフさんはもちろん、僕らのことを知らなかった全国の視聴者に対しても「ナインティナインって何者なの!?」という、インパクトを与えることができたかなと思いました。

一九九五年には『いいとも!』のレギュラーに選ばれて、番組そのものにも関わることになりました。

『いいとも!』という番組は、多くの芸人にとっての憧れであり、一つの登竜門だったんですよね。にもかかわらず、二〇一四年で番組は終了。そのニュースを聞いたときは「なんでやねん! 終わらんといてくれ!」という、なんとも言えない寂しさがこみ上げてきたのを覚えています。

そして、番組の最後を飾る「グランドフィナーレ 感謝の超特大号」には、元レギュラーとしてナインティナインも出演させてもらえました。

最終回では、歴代のレギュラー陣がタモリさんと十五分間のトークをするコーナーが設けられていたのですが、（明石家）さんまさんとタモリさんのトークが盛り上がりすぎて長引いてしまったんです。すると、二人の中に割って入るように、ダウンタウンさんとウッチャンナンチャンさんがスタジオに入っていき、その数分後には、とんねるずさんと爆笑問題さんが乱入。そのおかげで、タモリさんとさんまさん、とんねるずさん、ダウンタウンさん、ウッチャンナンチャンさん……そうそうたるメンバーが同じステージに立っているという、夢のステージができあがってしまったんです。

憧れの人たちが一堂に会しているのを近くで観たかったので、僕らもステージに乱入して、最終的には客席に座っていた出演者も舞台上に大集合。あの展開は、本当にワクワクしました。

その後、CMに入ってから廊下に戻ると、（石橋）貴明さんが「松本がとんねるずって言ったから、乱入したんだよ！」と、松本さんに話しかけていて「あ〜そうですよね！すいません、すいません（笑）」という話をしていたんです。僕は、その光景にも感激してしまって、二人の様子を隠れて写メで撮ったら、松本さんに「何撮ってんねんお前！」って怒られちゃったんですけど、本当に夢のような時間でした。

最終回の夜に行われた打ち上げの席では「こんなことはもう二度とないだろうし、楽しかった」と、貴明さんがおっしゃっていたのが印象的でしたね。

「本多の気づき」

果報は寝て待てではなく、果報は〝練って待て〟が正解のような気がします。

そのときに持っているもの全てを投入して、最善の備えをする。万全の準備をしておけば、仮にそれが失敗しても、後悔はしないでしょう。

私も含めて言えることですが、みなさん、後悔しないようにやれていますか？　まだまだ、〝ヤリシロ〟がありませんか？

攻撃は最大の防御とも言われますが、攻撃するにもやはり綿密な準備が必要。

『M-1グランプリ』や『キングオブコント』の一回戦、二回戦の早い段階で敗れた演者たちに、翌年の大会が始まる前に「ネタ決まってんのか？」と尋ねると「これから考えるところです」という答えが、圧倒的に多く返ってきます。

その返答があると「一年間何しとってん？　負けた日から考えんか！」と、ついつい声を荒らげてしまうことがよくあります。当然ながら、「これから考える」と答えた若手の中で勝ち進む子は、極めてまれです。売れたいという気持ちがどこまで本気なのか、疑問を感じることが多く、ＮＳＣの講師としては実に情けなくなる瞬間です。

さぁ、今から準備に取り掛かりましょう!!　ただちに爪痕を残すということに特化した話ではありませんが、南海キャンディーズ・山ちゃんが、爪痕を残して生き延びていくために、相方にしずちゃんを取り込んだ策略が実に巧妙なので、ご紹介します。

まず、若手には少ない男女コンビを組むこと。それも普通の女の子じゃなく、ビジュアルで目立つ子として、しずちゃんに白羽の矢を立て、直接会うまでに好きな漫画やドラマなどの〝しずちゃん情報〟をリサーチして、「この人なら合うかも」と思わせる。二回目に会うときには台本を書いていき「これを君とやりたいから、今のコンビを解散して、僕と組んでほしい」と伝える。当時しずちゃんが組んでいた相方には「あくまでしずちゃんの意思で解散したいと切り出してほしい」と提案し、自分が悪者にならないように立ち回った結果、南海キャンディーズが誕生しました。

実にやらしい〝策を弄して〟しずちゃんを相方にしたんだなあと、思われる方がいるかもしれませんが、漫才の相方はそれほど大切で重要な存在だということです。なにせメシの種になるのですから……。

みんな、よーく考えて！

努力が認められたときの喜び

僕はＮＳＣ時代をはじめ、漫才の賞レースに出場していた頃も、注目を集めるためにいろいろな策を練っていたのですが、テレビのゲスト仕事でも爪痕を残すために、さまざまな策を講じました。特に、とんねるずさんの人気番組『ねるとん（ねるとん紅鯨団）』の芸能人大会に出たときのことは、今でも鮮明に思い出せるほど嬉しかったです。

撮影中には、とにかくとんねるずさんに笑ってもらい爪痕を残すことばかり考えていました。『ねるとん』の収録が始まる前にとんねるずのお二人に挨拶をしに行ったときのこと。憧れの人たちを前にして「吉本興業ナインティナインの岡村と申します。よろしくお願いします！」と、ガチガチに緊張をしながら挨拶をすると、お二人ともラフな感じで「よろしくねー！」と返してくださったんです。その瞬間、全身に電気が走るような衝撃を受けると同時に「今日、結果を残さなアカン」と、自分に気合いを入れました。

番組の収録が行われたのは、遊園地の富士急ハイランド。『ねるとん』には、体操選手の池谷幸雄くんも参加していたのですが、とんねるずさんに体操の技を振られたら、すぐに技を披露するという流れがとんねるずさんに大ウケ。池谷くんは、何度も技を振られて実演をしては大爆笑をさらっていました。

池谷くんのような強敵がいる中で、どうすればとんねるずさんの番組で爪痕が残せるだろう……と考えていたら、ついに僕らに自己紹介の順番が回ってきました。すると貴明さんが「岡村くんちっちゃいねー！　身長どのくらいあるの？」と質問してださって、本当の身長は150cm台なのに「160……」と、僕が数字をにごすと、相方が「身長ごまかしとるやないかい！」と、すかさずツッコミ。どうやら、僕らのこのやりとりが、とんねるずさんにハマったようで、収録中は何度も僕に話を振ってくれました。

その日、参加していた女性芸能人の中に、身長175cmの女子バレーボール選手・益子直美さんがいらっしゃったので、ずっと彼女と二人で過ごすことにしたんです。156cmの僕と、175cmの益子さんという、身長差を際立たせれば絵的におもしろくなるはずと思ったんです。

その他にも、益子さんと絶叫マシンに乗って僕の具合が悪くなったり、男女ペアになってスケートをしたときは、周りは女性がソリに乗って男性がそれを押して滑る中、僕と益子さんはその逆。僕がソリに乗って、益子さんに軽々と押してもらうなど、さまざまな演出を試みました。カメラもずっと僕らの後をついてきてくれて、益子さんもノリノリでしたね（笑）。

そうしているうちに、遠くでモニタリングをしていた貴明さんと（木梨）憲武さんの笑い声がこっちにまで聞こえてきて「あのとんねるずさんにウケている」という手応えを感じることができたんです。

そして『ねるとん』の撮影終了後には、関西テレビの制作の人が、僕のところに来て「おもしろかったなー！　とんねるずさんも喜んでたよ」と褒めてくれたのが、とても嬉しかったです。褒められてのびるタイプなので（笑）。

その直後には、貴明さんがごはんに誘ってくれて、一緒に中華料理を食べました。憧れの人と一緒に食事をしたときは「ホンマにこんなことあんねんなー」と感激して、まさに夢心地でした。

「本多の気づき」

岡村くんの〝策を練る〟この姿勢を若手は常に持ってもらいたい。漫然と構えていても目立つことはありません。

「今できることは何か?」「ここで自分にしかできないことがないか?」を常に考えていないと、とっさの動きは生まれてきません。

若手の劇場のイベントでネタの合間や締めになると、ゲームや大喜利などのコーナーがよく行われますが、私は特に舞台の袖から出演者の二つの点に注目しています。

一つは演者の「表情」。

お客さんからの視線を常に意識して、気を引き締めた表情を作れているか、お客さんに「これからおもしろいことが起こるかもしれない」という期待を抱かせる、そんな表情を考えてもらいたい。笑顔でいるのとへらへらするのは全く別の動きです。

二〇〇九年あたりだったかと記憶していますが、ｂａｓｅよしもとのとあるイベントでのできごとです。その日は非常に空気が緩く、その空気感が次々と出演者に伝染していき、なんとも締まりのないイベントになってしまいました。キャットウォークで彼らを観ていた私は、お客さんが退場するのを待ち、楽屋で出演者全員を集めて「へらへらへらへらしやがって、なんの緊張感もない。どういうつもりで舞台に立っとんねん！　入場料返してこい！」と五分あまり怒鳴り、出演者の中でもっとも芸歴が長かった三浦マイルドくん（二〇一三年Ｒ‐１優勝）に「お前がいながら、何をさしとんねん！」と叱りとばしたことがあります。〝ちょっと〟とか〝これぐらいでいいか〟などの気の緩みは、「これではあかん……」と気がついても、取り返しのつかない状況になるほど怖いことだと、このときに実感しました。

そして、もう一つは「足元」。かかとをべったり舞台につけて、後ろに体重を乗せて立っている子は、まず売れません。

なぜなら、急な展開になったとき、必ず初動が遅れる、リアクションが遅れる。答える順番が自分ではなくても、すぐに動き出せる体勢を常にとっておかないと、〝おいしいフリ〟が来ても、瞬時に対応できない。

ｂａｓｅよしもとから、５ｕｐよしもと（現在のよしもと漫才劇場）に移行している間に、どのイベントでも安心して観ていられるメンバーがいました。

それは、ジャルジャル・後藤淳平くん、天竺鼠・川原くん、モンスターエンジン・西森洋一くん。この三人の〝かかと〟が床についていたかどうかは定かではありませんが、おそらくついていなかったでしょう。また、ついていたとしても、気持ちは舞台の進行に集中していたに違いありません。

少しでも間が空きそうになった瞬間、前にしゃべっていた芸人がすべった瞬間、この三人は必ず、見事にひと言で嫌な間を埋め、冷えた空気を変えてくれました。後に、銀シャリ・橋本直くん、かまいたち・山内くん、藤崎マーケット・トキくんらも〝安心組〟になってくれました。いつも次の塁を狙うランナーであること、そのための準備を怠らないこと、この気持ちを忘れずにいてもらいたいです。

東京に住んでも大阪の仕事をやめなかった理由

僕らの仕事の九割が東京で行われるようになった頃、仕事の忙しさと東京嫌いをこじらせて、精神的に限界がきていました。そんな僕らの唯一の息抜きになっていたのが、週に一度だけ大阪に帰ることができる、深夜ラジオ『よしもとＤＡウー！』の仕事と、僕らが所属していたお笑いユニット・吉本印天然素材（以下、天素）のレギュラー番組『ワイドＡＢＣＤＥ〜す』の収録でした。

ラジオは大阪ローカルの番組だったので、東京で鬱屈とした毎日を過ごす僕の気持ちをわかってくれるはず、と、東京の悪口や仕事のグチを言いまくりました。さらに、天素の番組収録でメンバーに会ったときは「東京のヤツらスカしとって、全然おもろないぞ！」と、ラジオで話した内容以上に辛らつな悪口を言って、溜飲を下げていた気がします。スケジュール的にきつかったのですが、僕らには大阪に帰る時間が必要だったんです。

東京に住む直前あたりから、あまりの忙しさに僕のおかしな行動が目立つようになっていたと当時のマネージャーから聞いたことがあります。ホテルで生活していた頃には、深夜になるとおもむろにホテルの廊下に出て、廊下の端から端まで、何度も全力でダッシュしたり、相方やマネージャーなど身近な人の〝悪い癖〟を指摘して「その癖を直せ」と、長い間説教をしたりしていたそうです。僕は全く覚えていなかったのですが、後々になって「あの頃の岡村は厄介だった」と、当時のマネージャーに言われたときは驚きました。そんな状況でも僕らは大阪の仕事がしたかったので、東京に住んだら最後、大阪で仕事ができなくなると思って上京を拒んでいたのですが、よしもとから「ホテル代がバカにならないから、早く東京に住め」と迫られ、東京で家を借りることにしました。

僕らが東京に住む条件としてよしもとに提示したのは「家賃の三倍のギャラ」を確約してもらうこと。大阪では実家で暮らしていたので生活費の心配はありませんでしたが、一人暮らしならば家賃の三倍の収入を確保しなければ生活できない、と思ったんです。

その条件を聞いたよしもとからは「『ぐるぐるナインティナイン』が始まるし、夕方の帯番組の『銀ＢＵＲＡ天国』にレギュラー出演して、銀座七丁目劇場に二日に一回立ってくれるなら、家賃分を確約する」という答えが返ってきました。「いや、今よりも忙しくなるやんけ！」と、反論しましたが、僕らも働かないわけにいかないので、その条件を呑んで東京に住むことを決めたんです。


しかし、いざ東京に住みはじめても問題は山積みでした。その家は、下目黒にある家賃十三万円の新築ワンルーム。忙しすぎて家具を買いに行く時間もなかったので、長い間小さいマットレスと小さいテーブルだけで生活していました。

家の目の前には女子プロレスの練習場があったようで、どんなに僕が疲れていようとも「オラー！」なんて怒号が朝から聞こえてくるし、壁の塗料が体に合わず、目が痛くて咳が止まらない……。下目黒の家には四年ほど住みましたが、あの家のことを思い返すと、今でも嫌な気持ちになります。当時流行っていた曲を聞くのもイヤ。

そもそも、なぜ下目黒に住んだのかというと〝芸能人は目黒に住むもんや〟と、僕が思い込んでいたから。今ならば自分が思い込んでいた目黒とは違うこともわかるし、レギュラーの仕事が入っていた銀座との位置関係もわかっているので、絶対に選ばない場所です。実際に住むと、下目黒から銀座まではすごく遠いし道も混んでいたので、下目黒に住んだことをすぐに後悔しました。

ちなみに、つらい思いをしていたのは僕だけではありません。忙しくなるにつれ、相方の顔にも発疹のようなブツブツがたくさんできてしまい、医者に行くと「東京の水が合わないから、大阪に帰らないと治らない」と言われる始末。

目に見えて疲れが溜まっていた僕らにとっては、週に一度大阪に帰ってストレスを発散できる、ラジオと天素の仕事だけが救いだったんです。

「本多の気づき」

この本を読んだ若手は「どんなにしんどくてもいいから、岡村さんのような経験をしてみたい」と思っているでしょうね。

現在でも確定的、絶対的なものごとは少ないけれど、いろいろなものが、かっちりとは決まっていなかった三十年近く前、会社も、社員さんも、芸人も手探りで未来を探していたんでしょうね。

大変だっただけに大きなやりがいもあったはずですが、〝息抜き〟ができる場所があったことが、当時のナイナイを支え、現在の姿へとつながっているんでしょう。やっぱり、全て必然だと思ってしまいますよね……。

これは中川家やチュートリアル・徳井義実くんなど、東京を中心に仕事をしている芸人さんから聞いた話ですが、東京の番組はきっちり個室の楽屋があり、リハーサル、本番以外は、タレントさんはあまり楽屋から出てこないそうです。本番が終わっても、「お疲れさまでした」と挨拶をして、マネージャーとさっさと帰ってしまうので、「友達になる暇があらへん！」とこぼしていたことがありました。

みなさん、純粋に「仕事」をしに来ている空気なんでしょう。一方、大阪の場合は、個人の楽屋はあるものの、タレントさんの多くは楽屋ロビーに出てきて、わいわいがやがやと賑やかにやっているので「仕事」のアイドリングも十分できるし、終わってからも和気あいあいとしていて、「仕事」だけをしに来ているという感覚が薄いようです。

どちらがいいかは個人にもよりますが、大阪と東京の空気の差は、時を重ねるごとに大きな差になり、ひいては演者さん本人の「負担」になってくるような気がします。

ハニートラップが存在する芸能界

実は、芸能人だったらよくある話だと思いますが、いわゆる〝ハニートラップ〟に、僕は何度も引っかかっているんです。それに加えて、週刊誌は虎視眈々と芸能人のスキャンダルを狙っているから油断もできないし、いろいろ考えると、恋愛をするのも億劫なんですよね。

初めてハニートラップに引っかかったのは、まだ僕が東京に出てきたばかりの頃。あるセクシー女優の人と一緒にいるところを撮られたのが最初ですね。その女性は、僕らが出演していた『ASAYAN』の前身番組だった『浅草橋ヤング洋品店』のエキストラをしていて、何の接点もない子でした。ロケが終わって、僕らが泊まっていた赤坂陽光ホテルに帰って部屋で一息ついていると、同じホテルに泊まっていたそのエキストラの子が、いきなり僕の部屋まで挨拶をしに来たんです。

当時から僕は警戒心が強かったので、その女性とイヤらしいことをするつもりはなかったんですけど〝セクシー女優の世界〟に対して、個人的に興味があったので「会話をするだけなら大丈夫やろ」と思って、彼女を部屋に入れたんです。そこでセクシー女優の裏話を聞いて、その夜は解散しました。本当に何もしていないんですよ。

後日、東京で天素のイベントが一週間行われることになったんです。そのイベントに『浅草橋ヤング洋品店』の収録で一緒になって以来、一度も会っていないはずのセクシー女優の子が自称「岡村の彼女」として、毎日イベントに来たんですよ……。そのうち、「(岡村の)彼女なので楽屋に行きたい」とか言い出して、無理やり楽屋に来ようとするので絶対に入れないようにしてもらいました。

やましいこともないし、最初は何とも思っていなかったのですが、あまりにも「彼女だ」と言い張るからだんだん怖くなってきて困っていたら、イベントを観に来てくれていた今田耕司さんがみかねて「岡村が怖がってるからやめてあげて」って、直接彼女に言ってくれたんです。それでも頑なに観に来ていましたけど……。

イベントも終盤に差し掛かった頃には、突然「私、岡村さんのために中野坂上に部屋を借りたんです。私はそこにいないので、自由に使ってください」って、よくわからないことを言い出して、もう自分だけではどうにもならないと思って、マネージャーに相談をしました。すると「『そんなところには住めない』って、自分で言ってこい」って言われてしまって。普通に考えれば、付きまとわれている本人が相手に直接言いに行くなんて、おかしな話ですよね。でも、当時の僕はただの若手芸人で、何もわからず、結局、一人で彼女のマンションに行き、ここには住めないことを伝えました。そのときは、彼女も納得してくれたのですが、外に出た瞬間、週刊誌に写真を撮られたんです。

マンションを出た瞬間「お付き合いされてるんですか?」って記者に聞かれて「話しに来ただけです」って答えて、その場は収まりました。当然、週刊誌に写真を撮られた経験なんてなかったので、かなり動揺しました。後日、マネージャーに一部始終を話すと「大丈夫、そんなん載らへんわ」って言われたから、自分の知名度を考えても週刊誌に載ることはないだろう、と思って安心していた矢先、『笑っていいとも!』の「テレフォンショッキング」への出演が決まりました。その直後に、セクシー女優の子と一緒に撮られた写真が週刊誌に載ったんですよ。「いや、載ってるやん(笑)」って。

記事を読んでみると、彼女が単独で取材を受けていて「岡村とエッチした」って書いてあったから、驚いてその子に「エッチしてへんよな?」って確認をしたら「週刊誌にウソ書かれたんです」って泣いてましたけど、そんなわけないじゃないですか。ほんとに怖いですよ……。

他にもパチンコの釘師の仕事をしている女性に引っかかったこともあります。女性の釘師は珍しいし、おもしろそうな業界だったのでカラオケボックスでその子の仕事の話を聞いていたのですが、いつの間にか週刊誌の記者に待ち伏せされていたんですよね。

そのときは、週刊誌の記者の存在に気がついていました。だから、何かおもろいことしようと思って、僕がパンツ一丁になってカラオケボックスを出たんです。案の定、その姿を写真に撮られて週刊誌に載りました。

その子とは、別に恋人同士でもないし放っておいても大丈夫だろうと思っていたんですけど、帰りの車の中で彼女が突然「写真を撮られて顔が出たら困る。」とか言い出して。とりあえず、彼女の家まで送っていってその場は収めたんですけど、後で調べてみたらその子はグラビアもやっている女釘師だったんですよ。なんやそれって(笑)。マネージャーに相談したら、彼女にはもう関わらない方がいいということになって、全て無視しました。

僕の場合は大事には至りませんでしたが、僕くらいの若手でもハニートラップが頻繁に仕掛けられているので「芸能界ってそういうところなんやな」って思ってます。

本多の気づき

どうやら、若手時代に体験した立て続けのハニートラップが、岡村くんの恋愛観にとても大きな影響を及ぼしていることは間違いなさそうです。

そら、そんな経験をしたら、普通に好意を持って近づいてきてくれた女性でも、まず「この女、大丈夫か？」と疑ってかかるでしょうから、一般の女性であればあるほど、強い警戒心から親密になる前に自然と離れていってしまうでしょう。

岡村くんに限ったことではなく、〝スクープ〟を撮るためにハニートラップを仕掛ける側に言いたい。「こういう経験がトラウマになって、将来、普通の恋愛ができなくなったら、どう責任を取るのか？　人の人生を〝スクープ写真〟のために犠牲にしてもかまわないのか？」と。

ぜひ、ハニートラップによって莫大な損害賠償を科せられるような判例が出てきてほしいと本当に思います。

　ハニートラップと言えるかどうかわかりませんが、オール阪神さんから漫才ブーム当時の話を伺ったことがあります。宿泊先のホテルに入ろうとすると、知らない女性が、突然腕を組んできて〝パシャリ〟というシャッター音が鳴ると、脱兎のごとく走り去る……というような、捏造写真を何度も撮られたことがあるそうです。

　岡村くんには「この女、大丈夫か？」という警戒心すら木っ端微塵に打ち砕いてくれる、救世主のような女性が現れることを期待したいですね。

第三章

休養、そして復帰へ

必然だった休養期間

僕は四十歳のとき、全ての仕事をストップして休養しました。休んでいた半年近くは、本当の地獄でした。当時は「〝笑いの神様〟は、なんで俺をこんな目に遭わせんねん！　一生懸命やってきたぞ」と、笑いの神様に悪態をつく日々でした。

でも今となっては、笑いの神様に選ばれて休まなければいけない時期だったんだ、と思うようになりました。休んだことで、周りへの接し方も変わったし、タバコもやめられたし、結果的にいいことの方が多かったような気もします。母には「隆史は何にでも選ばれるなあ」と言われて、僕も「また選ばれたんやなあ」なんて話をしているくらい、ポジティブに捉えているんですよ。

とはいえ、僕の生活の全てが変わった二日間のことは、今でも鮮明に覚えています。まさに悪夢の二日間でした。

それは二日間の休みでのできごとでした。僕は、この休みを使い、自分が企画した一人舞台の台本を仕上げようと思っていたんです。

台本に集中するために、騒音をカットするノイズキャンセリング機能付きのヘッドホンをして、原稿用紙にセリフを書き続けて、脳に糖分がいくように角砂糖をかじりながら作業をしていました。ごはんも食べず、眠りもせず二日間ずーっとです。

ヘッドホンをした四十のおっさんが、暗い部屋で何かを書いている背中を想像するだけで、かなり怖いですよね。もしも自分が、そんなおっさんを見たらすぐに扉を閉めますよ。それくらい、異様な状況だったんです。

そして、そのまま一睡もせずに台本を書き続けていたら、いつの間にか二日が経っていたんですよ……。二日経過していることに気がついた途端、目の前が真っ白になりました。

「この状況はマズい！」と思い、すぐに病院に行ったんですけど、点滴を打ってもらった瞬間から気分はどん底。

しかも、二日間ずっと起きていたからか、変なスイッチが入ってしまい、横になっても眠ることができなくなってしまったんです。目をつぶっても原稿用紙のマス目が見えて、意識がしっかり残っているような感覚……。本当にしんどかったです。

一度どん底まで落ちてしまったので「もう仕事はできない」という弱音を、身近な人に吐いたんですけど、みんなには「大丈夫やから」と励ましてもらいました。心身のしんどさは極限に達していましたが、自分の性格上「まだまだやらなアカン」という、義務感だけで仕事に行っていました。

でもそのうち、自分の番組に出演していてもひと言も発せず、相方とやっていたラジオ『オールナイトニッポン』でもほぼしゃべれなくなったんです。ラジオのフリートークでは、相方に全部しゃべってもらい、リアクションしかできず、ろれつが回らないし、動悸が止まらない。本当に何もできなくなってしまいました。

一番恐怖を感じたのが、ラジオで読むハガキを仕分けているとき。採用ハガキとボツのハガキを選んでいたはずなのに、いつの間にか、どちらもごちゃまぜになって一つの山になっていたことがあったんです。そのハガキの山の中から、もう一回ハガキを選び直すんですけど、またごちゃごちゃになってしまって、最終的に「ウワー！」って頭抱えてしまったことがあって……。あれは本当に怖かったなあ。

その頃には、仕事ができるような状態ではないことはよくわかっていたし、周りからも「仕事を休め」と言われるようになっていました。

本格的に休みに入ることが決まってから、すぐに入院。でも、病気を治すための病院で、本格的に〝対人恐怖症〟になってしまったんですよ。

とにかく自分が「岡村隆史」であることを、周りの人に気づかれたくなくて、個室のカーテンはいつも閉めっぱなし。また「風呂に入ったら風呂が汚れて迷惑がかかる」という、よくわからない理由で、あまり風呂にも入りませんでした。

たまにシャワーを浴びたとしても、長時間浴槽の中に水を流し続けたり、何度も風呂のマットを敷き直してみたり……。

マネージャーが買ってきてくれた雑誌も一切開く気にならず、真っ暗な部屋にいるだけ。まさに無気力状態です。でも、何もせずにいたら看護師さんに気味悪がられると思い、テレビをつけてもＮＨＫのニュースしか見ることができませんでした。今考えると滑稽《こっけい》な日々ですが、当時は大まじめ。これが、休養中で一番しんどかった時期ですね。

今思い出してもキツいですが、それだけ必要な休みだったんでしょうね。

「本多の気づき」

岡村くんがおかしい、入院したらしい、相当悪いらしい……耳に入ってくる情報は、どれも断片的なものばかりでしたが、今回、実際の生々しい当時の状況を本人の口から聞くことができ「よく戻ってこれたね。よかったね」というのが正直な気持ちでした。

体調を崩すまで、二十年以上、何事も一生懸命にやってきた岡村くんに「神様がくれたお休み」だったんだと思います。

そして、相方の矢部くん、本当に心配だっただろうね。誰より、ご両親の心労がいかばかりだったか……。本当に復帰できてよかったですね。

岡村くんの活動休止報道が流れた当時、何も状況がわからない大阪では「岡村、もうあかんらしいで？」「戻って来られへんらしいで」など、どこからともなくネガティブな情報が飛び交っていました。

入院している原因も知らされていなかったので、みんなが〝不治の病〟と勘ぐるのは、無理もないことだと思います。

よしもとの上層部に聞いても「まだなんとも言えへんな」しか返ってこない状況が、岡村くんの復帰が発表される直前まで続いていました。

私も返事がこないのはわかった上で、メールでエールを送っていました。私自身も、これまで重度の気管支喘息、心臓病、自律神経失調症、パニック障害、脳梗塞と、数多くの病気をしてきましたが、たとえ同じ病だったとしても、一人ひとり症状、状態が違うので経験した本人にしか、そのしんどさ、苦しさ、つらさはわかりません。

それだけに、芸能人に対するＳＮＳでの軽率な揶揄《やゆ》はやめてもらいたい。簡単に「有名税」とかで済まされることが多いのですが、それと誹謗中傷《ひぼうちゅうしょう》するのとでは意味が違いますよ。人としての問題だと思います。どう感じていただくのも自由ですが、批判をするにも超えてはいけない一線があると思います。そのあたりを考えて、厳しく、温かく見守ってほしいものです。

特にテレビで顔を売っている芸人・タレントさんたちにとって、その場に立てない、画面に自分がいないことは、「このまま自分の居場所がなくなってしまうのでは？」「忘れられてしまうのでは？」と、不安で不安で仕方がないことだと思います。

岡村くんの場合は冠番組がありますから、復帰できれば戻る場所は保証されていましたが、そうではない、いわゆる〝ひな壇タレント〟と呼ばれる人たちにとって長期休養はまさに死活問題になるでしょう。

昔、ビートたけしさんや、島田紳助さんが長期休養をされていたことがありました。お二人とも「代わりのいないタレント」と認識されていましたが、お二人がいない間、一度として番組が休止になったことはありませんでした。

クオリティーが下がることはあっても、代役はいくらでもいるのが芸能界の現実です。だからこそ、芸人、タレントのみなさんにはストレスの解消も含めて体調管理にはくれぐれも気をつけてもらいたいですね。

何度も言うけど岡村くん、とにかく、復帰できてよかった！

復帰後の〝ポンコツ岡村〟

半年間の休養中は、暗闇の中をとにかく手探りで進んでいる状態でした。正直に言って、休みに入ったばかりの頃は「もう復帰できない」と、本気で考えていたほどです。それでも、友人の若菜っち(酒井若菜)が、「私が必ず救います」と言ってくれて、毎日僕に他愛ない内容のメールを送ってくれたり、励ましてくれたりして、本当に支えてもらったんですよ。それから少しずつ「(芸能界で)もう一度やってみようかな」と思えるようになって、復帰することができました。

地獄のような休養期間を経た僕は、以前に比べて〝ポンコツ〟になって復帰しました。ポンコツというのは、〝お笑い芸人の岡村隆史〟ではなく〝人間の岡村隆史〟として、限りなく素に近い状態という意味です。

休みに入る前までは、自分の番組の成功や失敗は、全て自分の責任だと思い込んでいました。例えば企画の内容は全て把握し、気になる部分があれば「ここはこうした方がいい」、「これはなくてもええんちゃう？」など軌道修正をし、それでも気になるときには自分で考えることもありました。番組での立ち位置を決め、周囲の期待に応えることこそが岡村隆史の責任だ、と、全てを背負い込んでいたんです。

でも、復帰した今は、全て周りにおまかせ。スタッフさんから番組内容について相談されても「そっちで決めて！」と、他人に仕事を任せることができるようになりました。

『めちゃイケ』（『めちゃ×2イケてるッ！』）の名物企画のオファーシリーズ（岡村オファーがきましたシリーズ）が代表的な例。ＥＸＩＬＥのライブに〝ダンサー〟として参加しなければならないという、とてもハードルが高いオファーを、休養前に一回と復帰後に一回受けたのですが、休養前に挑戦したときは〝自分がダンスで失敗をしたら、全てが終わり。絶対に成功させなければ〟という強いプレッシャーを感じながらの挑戦でした。

しかし、休養から復帰後に「ＥＸＩＬＥライブに三度参加」というオファーを受けたときの心境は「俺のことを信頼してくれるのは嬉しいけど、何が起きても知らん！　踊っている最中に靭帯《じんたい》を切って失敗したらみんなの責任やで」という気持ちで、企画に臨むことができたんです。

もちろん、個人的にダンスの猛特訓もしましたし、なるべく完璧な状態に持っていくように努力をしましたが、当日のハプニングは防ぎようがないんですよね。このように、休養前と復帰後では、考え方や仕事への取り組み方に大きな変化があったことは確かですね。


もしも四十歳のときに仕事を休まなければ、僕は〝人間らしさ〟を失ったまま、サイボーグのようになっていたかもしれません。家族からも「隆史は休んでから本当に人間らしくなった」と言われるんです。僕自身、自覚はなかったのですが、僕が東京で働くようになってからは、大阪の実家に帰っても何もしゃべらず、ずっとピリピリしていて接し方に困っていたらしいんです。でも、僕が回復した今は家族でバーベキューをするほど仲良くなりました。

僕が四十歳で休養を取ったことは〝失敗だった〟と言われればそれまでですが、僕個人としては「ポンコツ」になれてよかったと思っています。

「本多の気づき

まだまだ岡村くんには〝ポンコツののびシロ〞があると思うよ（笑）。

むしろ〝人間・岡村隆史〞になった今の方が、視聴者に〝安心感〞を与えられるのでいいんじゃないかな。

もちろん、仕事への責任感は持ってないといけないけれど、休養前のように番組全体の責任を全部一人で背負い込んでいたら、そら文字通り〝身が持たない〞。逆にそこまで考えながら、あれだけの仕事をして四十歳まで、よく持ちこたえたと多くの人は思ってくれるでしょう。

四十歳の休養を〝失敗だった〞なんて、「アンチ岡村」以外、誰も思わないだろうからポンコツのまま安心してボチボチ進んでちょうだい！

まあ〝ポンコツ岡村〞はいい例として、今は〝絵本作家・西野〞のことが心配です。平均睡眠時間二時間で、日本国内にとどまらず、世界を飛び回っている西野くん。

今回の絵本は分業制を採ったようですが、もともと彼も一人で全部を背負い込むタイプです。

これまでの漫才・コントネタも、全て一人で書いてきた彼が、今意識しているのは「任せる力」。

彼の「任せるプロジェクト」の手始めになるのか、実は今度、私がキングコングのネタを書かせてもらうことになりました。

二人のハードルを超えるものができるように、しっかり書かせてもらいます。

代わりにできる人がいるなら任せて、少しでも休んでもらいたいと切実に思います。

どれだけ才能があっても身体を壊してしまっては元も子もありません。

西野くんに「ボチボチ」といっても、私と彼の「ボチボチ」では、その尺度がかなり違うことでしょう。とにかく気をつけてもらいたい。

また、相方の梶原くんもＹｏｕＴｕｂｅｒ・カジサックとして、二〇一九年年末までに登録者数が百万人を超えないと芸人を引退するとして奮闘しています。

彼らに限らず、どんな職種の人も、自分を表現できる場所があることに感謝をしながらどうぞ踏ん張ってください！

〝一番になるための方法〟を考える

僕は、幼い頃から一つのことにハマったら、それしかしない子どもでした。ただ、自分がのめり込んだものに関しては「一番にならなアカン」と、自分を追い込むのではなく、僕は「ここで一番になるにはどうしたらいいか」を考えるタイプ。一番になるまでの過程を楽しんでいるのかもしれません。

NSCに入ったときは、もともとお笑いで生きていこうなんて気持ちは、さらさらなかったけど「ここにいる九期生の中で、一番おもしろくなりたい」と思ったのが、僕の原点。お笑いの仕事を始めてからは、「ABCお笑い新人グランプリ」でグランプリを獲るためにはどうしたらいいか、この番組収録中に一番笑いを取るにはどうしたらいいか、など、無意識のうちに、その場その場で〝一番〟を設定していたように思います。そうするうちに〝お笑い〟

そのもののおもしろさにのめり込んでいったのは確かです。

高校でサッカー部に入ったときには「三年になったら絶対にレギュラーになる」と決めて、毎日猛練習しました。僕はサッカー未経験だったので、一年生のときは部の中で一番下手くそな部員だったんです。毎日本気で部活に取り組むのはもちろん、帰宅後や休日も、妹に手伝ってもらいながら自主練を重ね、三年に上がったと同時に晴れてレギュラーを獲得。レギュラーしか着ることができない青いユニフォームを渡されたときは、かなりシビレました。

何より、自分で「こうなりたい」と掲げた目標が、努力によって実現したことへの達成感が大きかったです。かなり厳しい部活だったので、レギュラーになれたときの感動はひとしおでしたね。

ただ、すごく好きなことにのめり込んで頑張っても、一番になれないことがあるのもよく知っています。努力では超えられない壁があるのを知ったのは、幼い頃に通っていた器械体操クラブでのこと。

僕がいた器械体操クラブでは、技術レベルに合わせてクラスが分かれていました。各クラスには鳥の名前がついており、初級のスズメクラスからスタートして、どんどんレベルアップしていく、というシステムです。上級者になると、クラブ内でも上級者の「フェニックスクラス」で学ぶことができるんです。僕自身、習い事の中で器械体操が一番好きだったこともあって、フェニックスクラスを目指して頑張っていたのですが、どうしても上から二番目のタカクラス止まりでした……。

ただ、どんなに頑張っても、このクラブで一番になれない理由があったんです。実は、後にソウルやバルセロナオリンピックで銅メダルを獲得する、器械体操の西川大輔選手が、同じ体操クラブに所属していたんですよ……！

西川選手は、当時から周りの子どもたちとは動きが違っていました。幼稚園児が「ヒジを伸ばしなさい」とか「つま先を伸ばせ」という指導をされても、ちゃんとできないじゃないですか。でも、オリンピックに出るような人は、幼稚園の頃から、絶対にヒジもつま先も伸びている。小学校一、二年生になると、西川選手は僕の憧れの「フェニックスクラス」に入って、大車輪をやってました。そんな子がいたら、先生方もつきっきりになりますよね。

将来日の丸を背負うような子が身近にいたことで、僕は自然と「世の中には頑張ってもどうにもできないことがある」ということに気づくことができました。

「本多の気づき」

岡村くんの話を聞けば聞くほど、〝必然〟を感じますね。ちゃんと歩かなければいけないところを歩き、ぶつからないと成長できない壁には、正面からぶつかっている。弾き飛ばされれば、壁を乗り越えるための策を練る。

体操クラブで〝西川くん〟という大きな壁に出会い「世の中には頑張ってもどうにもできないことがある」と幼い頃に気づけたことが、その後の岡村くんに大きな影響を与えているのだと感じました。

彼の魅力でもある、何事も一生懸命にやってみるという気持ちが幼い頃から備わっていたのは確かですが、実際に一生懸命にやった上で西川くんにかなわなかったからこそ「頑張ってもどうにもできないことがある」と気がつくことができた。こういう考え方は、すぐにできそうで、なかなかできないんじゃないでしょうか、しかも小二で……。

多くの人は、一番になれない悔しさで、ターゲットを違うものに変えて気をまぎらわせる。ただただ「あの子すごいな～！」と感心だけしてしまう。「あの子は特別なんだ」と横に置いてしまう。「勝たれへん～！」と拗ねて終わってしまう。

もちろん、私自身も「頑張ってもどうにもできないことがある」「上には上がいる」ということを知っています。しかし、それなりに年月や経験を経た上で、気づけたことです。それを小二で悟った岡村くんは、やはりすごい感性の持ち主だと思わずにはいられません。

コンテストやオーディションは、他の人たちと比較されて、優劣を決められてしまいますが、本来ならば比べていいのは過去の自分だけだと思っています。自分の人生を他の誰かと比べていたら、その都度、物差しが変わってしまい、自分の中心がブレてしまうからです。

そして、最後に残るのはどれだけ〝お笑いが好き〟か！　好きなことだから、一生懸命になれる力は、やっぱり強いです。

他人から見れば、ちょっと異常なぐらいの努力を、努力とも思わず当たり前にこなしている人たちだけが、お笑いの世界に限らず第一線に残っているのだと思います。

復帰後に変わった時間の使い方

僕のプライベートは世間一般の人のイメージ通り、本当におもしろくないと思います。芸能人の友達も少ないし、電話で気軽にごはんに誘えるのは、高校時代の同級生ばっかり。それこそ、二十〜三十代の頃、オフの日は一歩も外に出ないことがほとんどで、とにかくダラダラ過ごしていました。

それほどおもしろみがないプライベートではありますが、最近は、オフの日や仕事終わりは意識して外出するようにしています。長期休養を取って復帰してからは、特に〝時間がもったいない！〟という考え方に変わったんです。そもそも、家にいても何も起きないしネタにもならない。一人、家でいろいろなことを考え込んでいてもどうしようもないですよね。

一般の人はそんなことはないと思いますが、僕の場合は外出するだけで一般の方に声をかけてもらえたりとか、お店で一品サービスしてもらえたりとか、小さなできごとが起きる可能性が高い。ときには、休みの日に自分の身に起きたことがラジオのネタになることもあるんです。

笑福亭鶴瓶師匠は、外で出会ったおもしろいオジサンの話なんかを、見事にトークのネタに生かしていますよね。鶴瓶さんがネタを拾うために外に行っているかどうかは、僕にはわからないんですけど、〝外〟に目を向けている方だとは思います。

まあ、僕も歳を取ってからというもの、早く目が覚めちゃって、一日が長いっていうのも外出する理由になってはいますけど（笑）、時間は大事に使いたいですよね。今は、どんなふうに自由な時間を過ごすか、ということに一番興味があります。

時間の使い方について考えるようになってから、映画は映画館に観に行くことが増えました。東野（幸治）さんに「どんな映画がおもろいですか？」って聞いて、教えてもらった作品を観に行くこともあります。話題の映画はひと通り観に行くようにしています。

映画だけでなく、二〜三日のオフがあれば旅行もバンバン行きますし、ゴルフもダイビングもして、釣りにも行っています。みなさんからは〝仕事人間〟だと思われているんですけど、こう見えて趣味がいっぱいあるんですよ！

その中でも、今は空前の旅行ブーム。一人旅ではなくて、スケジュールが合った友人と旅行をしています。沖縄方面に行くことが多いけど、もし二日間の休みがあったら「韓国行けるんちゃうか？」って、すぐにどこかに行きたくなるんですよね……。思い立ったときに大阪の実家に帰るとか、オフのたびにフラッと好きなところに行けるのは、独り身の醍醐味ではありますよね。ただ、あまりにも旅行に行きすぎて、周りの人からはちょっと病的なハマり方だと思われているかもしれないですけど（笑）。

「本多の気づき」

外に出るようになってくれてよかった！

おかしな言い方かもしれませんが、岡村くんは休養させてもらったおかげで、その境地にたどりつけたんでしょう。そしてそれが、今の岡村くんにとって、一番必要なことなんだと思います。自分から動かないと、何も起きないし、何も変わらないのですから……。

そして「時間がもったいない」には強く強く同意です！　私自身も、年齢を重ねるとともにその思いが強くなってきました。

私は二〇一八年に還暦を迎えました。二〇一二年に脳梗塞を発症して以降、仕事に復帰してからは、本当に「時間がもったいない」と思い続けて、現在に至ります。正直、いつ再発するかわからないし、いつ、どこで、どんなアクシデントに見舞われるかなんて誰にもわかりませんから、与えられている時間を大切にしよう、できるだけ有効に使いたいと常々思っています。これは、読者のみなさんにとっても同じはず。

どんな仕事をするときも「これが人生最期の仕事」だと思うと決して手は抜けない……これまでも手を抜いたつもりはありませんでしたが、キャリアを重ねていくと知らず知らずのうちに、どこか慢心や驕《おご》りがでてきたように思います。現在は本当に仕事に真摯に向き合っています。

とはいえ、決して堅苦しい意味ではなく、一生懸命に仕事をし、一生懸命に楽しみ、一生懸命に休む……何をするのも流れに任せた上で、できることを一生懸命にする。そう意識していると、後悔することがおのずと少なくなっていきます。

気持ちの持ちよう一つで、いろいろな面で変化が起きるものです。

今の岡村くんのように外に出ることで、ネタ幅を広げた芸人さんもいます。

みなさんもよくご存じの〝ギム兄〟こと木村祐一くん。彼は、劇場で「木村祐一ＳＨＯＷ写術」という、珍しい看板や店名など、普段何気なく通り過ぎているところに〝ネタ〟を求め、東京都内のＪＲ、私鉄の全駅に自分で足を運び、〝おいしいネタ〟を日夜探し続けています。そして、グルメで〝シェフ〟でも知られる木村くんはおいしいと評判のお店にも自ら足を運び、グルメ本を世に出しました。

また、吉本新喜劇の「茂造じいさん」でおなじみの辻本茂雄くんも、かなりのグルメ。こまめにお店に足を運び、その店のシェフから〝イチオシのお店〟を紹介してもらい、またそこへ出向くという数珠つなぎを続けています。また新喜劇の座長も務めている辻本くんは「新喜劇のテーマとして使えるものはないか」、「参考になるものはないか」という作り手目線で全てのドラマをチェックしているんです。外も内も、使えるものは全て使って、新喜劇のことを考えている。頭が下がります。

「頑張ります！」という言葉

四十歳で休みを取って、仕事に復帰してからあまり言わなくなった言葉があります。その言葉とは「頑張ります」という言葉。もちろん、頑張らないという意味ではなくて、自分で「俺、めっちゃ頑張ってるよね」って主張することがイヤになったんですよね。

僕が「頑張ります」と言っても言わなくても、結果は変わらないということに気がついたんです。どんな仕事に対しても、頑張ることには変わりないし、あえて「頑張ります」と言う必要がなくなった、ということかもしれません。

例えば『めちゃイケ』のオファーシリーズで、ＥＸＩＬＥと一緒に踊らなければならない仕事がきたときには、完璧にダンスが仕上がるまで、数カ月にわたって自宅で練習をしました。

完璧に仕上がるまで努力をするというのは、僕自身の性格の問題なので手を抜くことはできません。

もちろん〝僕が頑張る〟のは当然のことなのですが、僕以外の人たちまで「岡村隆史は成功して当然」と思っているように感じるんです。

僕が何カ月も必死で練習をしてきても、本番が終わればすぐ撤収。誰か褒めて！　僕は褒められてのびるタイプなんです。

「本多の気づき」

スタッフのみなさん、是非褒めてあげてください（笑）。

スタッフさん、現場の作り手にはわかってほしいし、「わかっているよ」ということを言葉で、態度で、姿勢で示してほしいと心から思っています。

「そんなことわざわざしなくてもわかってるよ」と感じる人が多いかもしれませんが、作り手からのその一言、その一礼、その握手で、現場の空気は必ず変わります。

これは〝伝説〟ですが、笑福亭鶴瓶さんがラジオの深夜放送中、CMの合間にラジオブースを出て、ミキシングの機材の上に登り、当時の担当ディレクターを指差しながら、

鶴瓶「おもろいんか、おもろないんか、どっちやねん！」

D「おもしろいです」

鶴瓶「おもろかったら、笑えよ！　お前しか外の人間おらへんのにリアクションしてくれなわからんやろ！」

と訴えられたとか……事の真偽は不明ですが、そのディレクターさんのことは、私も知っていますが、生まじめなところがあり、あまり表情を表に出さないタイプの方だったので、さもありなんな話です。

私自身、テレビを観ているときに、笑うことはほとんどありませんが、自分がスタジオやラジオブースに入る場合は、意識的に声に出して、大きなリアクションを取り、終了時には、出演者が、先輩、後輩、NSCの教え子に関係なく、心の底から「お疲れさまでした！」と大きな声で伝えることを習慣として身につけています。

　これは、どんな職場でも言えることではないでしょうか。一緒に頑張ってきた仲間から「ありがとう！」「お疲れさま！」「ごくろうさま！」「助かったよ！」と言われて嫌な気持ちになることはないでしょう。

　心の中で思っているだけで終わらせずに、言葉や態度で示すことがやっぱり大切なことだと思ってます。

自分の常識＝世間の非常識

ＮＳＣに入ってお笑い芸人として東京に出てきてからは、芸能界でしか働いたことがないので、いわゆる〝一般の社会常識〟が全くわからず、できないことだらけなんです。

でも最近は、自分の生活や考え方があまりにも浮世離れしていると感じることが多いので、一般常識を少しでも身につけられるように勉強しています。

どんなところが浮世離れしているかというと、業界っぽさが出てしまうところです。昔、ゴルフを始めたばかりの頃、東野さんからゴルフに誘われて、ウェアを持っていないことに気がついて「フジテレビの衣装さんに服を借りよう！」と思って、衣装さんに借りたんですよ。そのできごとを、芸能人ではない友人に話したら「やっぱり芸能人やなあ」って言われたんです。

自分としては、今後ゴルフを続けるかどうかもわからなかったし、何を買えばいいのかもわからなかったから、衣装さんから借りた方が合理的だと思っての行動。でも、当然ながら一般の人の生活には〝衣装部〟なんてないんですよね。そんなことはわかってたんですけど、日常生活の中でテレビ業界的な発想が、ふわっと出てくるってことは、それだけ浮世離れしているということなんです。こんなふうに「俺が当たり前やと思ってたこと、当たり前じゃないねんや！」って、思うことがちょこちょこあるんですよね。

一般常識を学ぶために、まずは少しずつ〝自分でやる〟ようにしています。当たり前のことなんですが、これまでは、仕事に限らず個人的な旅行の航空チケットも会社の人に買ってもらっていたんですが、今は自分でチケットを買えるようになりました。スマホのアプリを使えば簡単に飛行機に乗れることに感動して、周りのみんなに「アプリに条件を打ち込んでから、スマホでピッてしたら飛行機に乗れて現地まで行ける……そんな時代が来てるんやで！」って教えてあげたんですけど「それ当たり前のことですよ」って笑われてしまいました（笑）。

自分でやることを意識するようになったのは、お金の管理のことが大きいです。お恥ずかしい話なんですけど、僕は若い頃からお金の管理は、父親に全て任せているんです。定年を迎えてボケ防止にもなっているようだし取り上げるつもりはないんですが、もういい歳ですから、父親が亡くなったときにどこに何があるか、とかがわからなかったら困るなあと思ったんです。今は、お金のことを勉強するために父親からいろいろと教えてもらっています。

どれも一般の人から見れば、当たり前のことなんですが、ようやく社会勉強を始めた段階です。

本多の気づき

「自分の常識」が「世間の非常識」だったということは、誰しも少なからずあると思います。

自分は経験も豊富だし、勉強もしている……と思っていても、当然ながら一人ができること、知りえることには限界があります。森羅万象からすれば、本当に小さな小さな一部分しか知ることはできないんだ、ということを自覚しておく必要があるでしょうね。

問題はそこに気がついたときに、驕りを修正できるかどうか。軌道修正せずに我が道を行き「井の中の蛙」になってしまえば、修正した者としない者の間には大きな差、埋めようのない溝が生まれてしまうのではないでしょうか。

私も十七歳の夏から二十五歳まで、入院と自宅療養の生活が主だったので、みなさんが当たり前に思うことを知らない、ということが山のようにありました。

初めて吉本新喜劇の台本を依頼されたのは「新喜劇やめよっカナ!? キャンペーン」（一九八九年十月から翌年の三月までに延べ十八万人動員）のさなかか、その直後か記憶があいまいですが、担当者から「今週中にプロットを出せ」と言われたのですが、そもそも「プロット（あらすじ）」という言葉を知らなかった私は「プロットってなんですか？」と聞き返したら「それはマジか、しゃれかどっちやねん？ 筋書き、あらすじ、お前そんなことも知らんと、よう作家やっとんな？」と呆れられましたが、知らないものは知らないとしか言いようがないですもんね。

漫才台本だけを書いていた時期は、テレビ局に行くたびに、ゴミ箱に捨てられている構成台本を「これ頂いていいですか？」と了承をもらって持ち帰っていました。構成台本には「OP」「L」「M」「MC」「SE」「FI」「FO」などなど、なんのこっちゃわからんアルファベットが随所に出てきて、図書館に行って調べるしかありませんでした。ちなみに、改めて書くまでもありませんが「OP」＝オープニング、「L」＝照明、「M」＝音楽、「MC」＝司会者、「SE」＝音響効果、「FI」＝フェードイン、「FO」＝フェードアウトを指します。事前に勉強していたおかげで、構成の依頼が来たときには、なんの苦労もなく〝構成台本〟を書くことができました。備えあれば憂いなしです。何がどこで役に立つかわかりません。

最初はみんな〝素人〟ですが、それに甘えることなく学ぶことを継続し、何事にも感謝の気持ちを持って謙虚な姿勢でいることが、その人を大きくしていくのでしょう。

女性との距離感

今は、２ＬＤＫのマンションに一人暮らし。リビングには、大きなソファとダイニングテーブルがあるのに、テレビとダイニングテーブルの間に座ってテレビを観るんですよ。仕事から帰ってきたら、テレビをザッピングしてハイボールを飲んで寝るっていう生活です。

東京に来てからは、こんなふうにずっと一人で暮らしているので、結婚をして誰かと一緒の部屋にいる自分や、ドアを開けると誰かがいる生活が想像できないんですよね。

食事については、出前を取ったりコンビニでサラダを買ったり、あとは仕事終わりにスタッフさんと食べに行くことが多いので、自炊はほとんどしないです。料理をするのは嫌いではないんですが、一人で作って一人で食べて、洗い物もするという工程が、全てめんどくさい。食事に関しては、かなり適当に済ませているので自由気まま。この食生活は、独り身でなければ無理ですよね。

最近、とある女性と旅行し、僕と彼女は別々の部屋に泊まったんです。僕としては、その人とお付き合いしているわけでもないのに、同じ部屋に泊まることの方が違和感があったんです。女性も僕のことをめっちゃ好き、というわけでもなく旅行したい場所が同じだっただけのこと。目的はセックスすることじゃなくて旅行だったし、変なストレスを相手に与えたくなかったんですよね。そのことを周りの人に話したら、みんな口々に「その発想はおかしい」と言うんです。

もしも二人一緒の部屋を取ってしまったら「なんで同じ部屋なん!?」って思われるかもしれない。当日にもう一部屋追加で取る方が大変なことなので、一緒に泊まるにせよ、先に二部屋取っておけば、もう一部屋はキャンセルすればいい。どう考えても効率がよくてストレスフリーなはず。このように、別々の部屋を取った理由をちゃんと説明しても「おかしいわー!」ってみんなに言われてしまって、未だに釈然としないんです。僕はこの選択は間違っていないと思ってるから、何を言われても一歩も引かないんですけど（笑）。

海外へ旅行しても、僕は現地でのんびりしたい派。もしも彼女ができて海外旅行したとしても、観光地巡りには行かずにのんびりバカンスを過ごしてしまうと思います。でも、彼女がいろいろな観光地に行きたいタイプの人だったら、僕と意見が割れてしまうし、お互いに譲らないんじゃないかなあ。自宅でも旅行先でも、誰かと一緒に過ごすのは難しいような気がしますね。

「本多の気づき」

一緒に旅行しているのに、別々の部屋はやっぱりおかしいで！（笑）。普通は、旅行に一緒に行ってくれた時点で彼女は〝ＯＫ〟だと思うよなあ……。男女それぞれに意見があると思うので、ぜひ大規模なアンケート調査でもしてもらいたいですね（笑）。でも、そういうところも含めての「岡村隆史」なんだろうな、とも思います。「岡村さんの全てが好き、同じことをしていたい！」と思ってくれるような女性が現れることを願いたいけど、そんな女性が果たしているのやら……楽しみに見守りましょう。

女性関係でいい思いをすると〝運を吸い取られる〟

僕は、お笑いの仕事を始めてから「彼女ができたり、結婚をしたりすると〝おもしろみ〟が半減する。たとえいい人間だったとしても、女性関係でいい思いをしたら、いろいろな運を吸い取られてしまい、転落してしまう」と、勝手な思い込みをしていたんです。

誰かを見てそう感じたわけではなくて、強迫観念や願掛けのようなものです。特に二十代の頃は自分のように普通の人間は、女性関係で得をするとおもしろくなくなる人間だと思っていて、自分が持っている〝運〟を吸い取られたくない、と感じていました。

当時から、ハニートラップを含めて女性関係でいろいろなチャンスがありましたが、自制していました。もし二十代前半の頃に戻れるなら、もっとうまくやりたいと思うこともありますけど、結局は何もしないでしょうね。

一般的によく言われるような「パートナーが支えになってくれる、好きな人と結婚したら人生がプラスになる」という発想も、全くなかった。

恋愛に限らず、仕事関係では得体の知れない人がたくさん寄ってきて、誰を頼るべきか、そもそも頼れる人がいるのかどうかもわからない時期が長かったことが影響していると思います。全員が敵に見えていたんです。


今までお付き合いした女の子に対しても、結婚したいと思ったことは一度もありません。結婚という言葉が出てきたのも、人生の中で一度だけです。二十一歳のとき、友人の紹介でお付き合いしていた女の子がいたんですけど、その子が突然「私と結婚する気あるの？」と言い出したんですよ。僕はそのとき「え？　二十一歳で結婚なんて言われても、まだそんなつもりないで」って断ったんです。そのときは別れませんでしたけど、僕が仕事で東京に行くようになってから彼女との関係は自然消滅しました。

それ以降も、結婚したいと思ったことはないですね。二〇一三年に相方が結婚したときも、何とも思わなかったです。むしろ、相方は結婚することで新たに生まれ変わると思っていたので、素直に嬉しかったですね。僕も一応、エンターテインメントとして「結婚ええなあ、うらやましいなあ」って言ってますけど、正直なところ結婚願望はほとんどないです。

最近は「五十歳になるまでには結婚したいなあ」と思うようにはなったんですけど、僕には未だに、いろいろな思い込みがあるから、実現するかわからないですね。

「女性関係で運を吸い取られる」こと以外の思い込みは「不幸や悲しみを背負っていない限り、人を笑顔にできへん。自分は満たされたらアカン」と考えてしまっていること。こんな考えだからか、ダウンタウンの松本さんが結婚されたときは「あの松本さんでも結婚しはんねんや……！」って思いました。本当に驚きましたね。

結局はどれも僕の固定観念にすぎないんです。昔、（月亭）八方師匠が「急におもしろくなくなることもなければ、急におもしろくなることもない」とおっしゃっていたんですけど、その通りだと思います。お笑いのパターンやセンスは、芸歴を重ねて増やしていくものなので、ある日突然センスがなくなるわけではない。

だから、結婚したからといって全くおもしろくなくなることもないし、僕みたいに恋愛や結婚をしなくても爆発的におもしろくなることもないんですよね。

そう頭でわかってはいても、僕の周りにいるよしもとの人は個性派ばっかりで、複雑な家庭環境で育ってきたおもしろい人たちがたくさんいるんですよ。一方、僕は普通の家庭に生まれた普通の人間。僕みたいな人間では、周りの人に勝てる要素が一つもないから〝ちょっと変わっている部分〟を自分で作ろうとしている面はあると思います。いわゆる〝ちょっと変わっている部分〟が、僕にとって結婚をしないことなんでしょうね。

「本多の気づき」

本心の部分ではわかりませんが「女の子と付き合いたいから芸人になりたい！　売れたい！」と思っている子は多いと思います。そういう意味では、岡村くんは違うんだなと思いますが、だからといって「変わってる」とも思わないし、人それぞれの考え方があっていいのではないでしょうか。

話のネタとして、おもしろおかしくいじるのは構わないけれど、本人がそれでいいと思っていることは、それでいいんじゃないですか。私が今の仕事を始めた三十四年前は、まだ「女遊びも芸の肥やし」という意識が、わずかですが残っていた時代でした。

亡くなられた落語家の古今亭志ん朝師匠の落語のまくらにも、先代の桂文楽、三遊亭圓生、古今亭志ん生という大看板の噺家さんの〝艶噺《つやばやし》〟が登場します。楽屋話でも、名前は誰とは教えてもらっていませんが、大阪、名古屋、東京にそれぞれ家があり、本妻はいても、今で言う愛人が何人もいたような豪傑《ごうけつ》が昔はいたそうです。

他人に迷惑をかけず、コンプライアンスの範疇《はんちゅう》なら自由にしたらいいでしょう。SNSの時代になってから、匿名ということも大きな要素でしょうが、犯罪行為に等しいような悪口、誹謗中傷は言うに及ばず、他人のことに干渉してごちゃごちゃ言いすぎてませんか?

それで憂さ晴らしやストレスを解消している、できていると思っているなら、人として大きな間違いをしているように思います。自分が同じことを言われて腹が立つことや、失礼だと感じることは、自分自身のためにもやめた方がいいと思いますね。

私自身の思いとしては、芸人さんの結婚には大賛成です。男性の場合、妻を持ち、子どもが生まれることで、ものの見方、感じ方が当然変化するし、守るべき存在を持つことによって、人間的にも大きく成長できるでしょうし、〝ネタ〟の幅も大きく広がります。

結婚は〝損得勘定〟で論ずるものではありませんが、芸人さんの場合「得」「プラス」の方が圧倒的に多いと思います。例えば、トミーズの健ちゃんは、元プロボクサーという強烈な個性を持った相方の雅くんに比べて、個性的な部分は漫才の上ではそれほど強調されませんでした。それが、結婚したことによって「鬼嫁に虐げられている夫」「恐妻家」という、結婚していなければ絶対に成立しない得難いキャラクターができあがりました。

結婚当初のネタはほとんど私が書いたネタで、「鬼嫁」のキャラクター付けをしてしまって、健ちゃんの奥様には申し訳ありませんが、思い切り奥さんのことを、いじり倒すネタにして、爆笑を取らせてもらいました。

〝女芸人〟の結婚はさらに難しいことですが、ハイヒール・モモコ、モモちゃんが結婚をしてくれたおかげで、後に続く女芸人も結婚へのハードルが大きく下がったと思っています。旅ロケに夫婦で行く、子どもができたら家族で行く。相方のリンゴちゃんいわく、子どもは「動く小道具」。そうして、夫婦での、家族でのメディアへの露出が一気に増えていきました。

私が構成していた番組では、当時赤ちゃんだったモモちゃんの長男くんをスタジオで私が抱いて、子守をしていたことが何度もありました。全ての女芸人さんに「結婚しろ」とは言えませんが、したいという気持ちがあるなら、そして、そういう相手と巡り会えたならば、「結婚」した方がいいと私は思います。

第四章

お笑いと死ぬまで

〝ガチ〟への違和感

最近、ディレクターや作家といったテレビ番組の制作スタッフさんに、「ここはガチなんで」と説明されることが増えてきました。打ち合わせの会議室でも撮影の現場でも、です。言われるたびに、「ガチってなんや?」とついつい思ってしまう自分がいます。

〝ガチ〟と呼ばれているシーンでは、番組スタッフさんからの指示や指定がほとんどと言っていいほどありません。つまり、作り手としてのディレクションが何もないということです。それを〝ガチ〟と呼び、とにかくカメラを回す。例えば、街歩きの番組なんかだと、商店街を散歩している様子を、ただ単純にカメラで撮影しているだけということもよくあります。

となると、最終的に重要なのは演者の力になります。結果、僕ら演者が好き勝手にやった場面を、切ったり貼ったりする作業だけが番組制作の仕事になってしまうのではないでしょうか。「有名人が外を歩いたら、ハプニングが起こりやすい」という発想なのかもしれません。でも、それはガチでもなんでもないと思います。偶然です。

「演出がないように見せかける演出」という意味で〝ガチ〟という言葉を使うならわかります。けれども、作り手としての策が何もないままに〝ガチ〟だと言われてしまうと、最終的にタレントの力だけが重要になってくる。

千鳥のように外ロケをずっと続けてきたタレントなら、強引におもしろくして成立させてしまうかもしれないけど、そういう力が誰にでもあるわけではありません。

今のテレビは昔のようにお金も時間もかけられなくなっているというのは、身をもって感じています。以前は、コントで一分のショートコントを作るのにも、かなり時間をかけていた記憶しかありません。

撮影の前日は朝九時にテレビ局に入って、ショートコントを固めるため、夜中の三時くらいまで全てリハーサルしていました。泊まっているホテルに着く頃には朝五時になっていることもある。安ホテルなので朝方は部屋に入れなくなっていて、相方と一緒に駐車場のコンクリートの上で仮眠を取って、朝の八時にはまたテレビ局に行くような生活でした。

翌日の撮影は、前日に決めたショートコントを作家さんやディレクターさんなど、みんなの前でやるんですけど、「ちょっとオチが弱いな。他のパターンない？」と言われてしまうと、オチが固まるまで撮影はストップ。決まらないときは三十分くらい止まるから、時間だけがどんどん過ぎていくんですよね。

「他のオチ」と言われたら、僕らもすぐに「できます！」と言うんですけど、何の策もないから何テイクやってもＯＫが出ない。そういう瞬間は、自分でも「これアカンな」とすぐにわかります。撮りはしてもオンエアされなかったり、強引にテロップで終わらせたりとか、かなり厳しかったですね。特に二十代は、ずっとそんな感じでした。一分のショートコントって、一分では撮れないんですよ……。

バチーンとキマったときは技術さんやらカメラさんが笑ってくれるから、それはそれでめちゃくちゃ気持ちいいんです。でも、コントを作る手間と時間を考えると、効率がいいとは言えない。みんなで時間をかけて一生懸命作ったのに、数字が取れず結果がついてこないのは、正直しんどかったです。

でも、当時は若かったし、相方や一緒にコントを作ってた演者やスタッフさんと「頑張ろうな、必死でやろうや」と励まし合ってたから乗り越えられましたけど、体力的にもかなりつらかったです。

これまで、しっかり作り込んだ番組をやらせてもらっていたので、何の演出もなしに〝ガチで〟と言われるのは、やはり違和感があります。

「本多の気づき」

私も〝ガチ〟という言葉には、非常に違和感を持っています。

特に演出がなく、行き当たりばったりでいくなら、まだ〝流れのままに〟と言われる方がスッキリします。

それにしても、制作者側が入念な下見をした上で、なんらかの演出アイテムを持っていてくれないと、岡村くんの言うように〝偶然〟待ちで終わってしまう。その偶然を待ってテープを長々と回して、一部の放送できるおいしいところだけを編集するような作り方は時間の無駄、労力の無駄を感じざるをえません。

過去に仕事をしてきた優秀なディレクターは、収録を終えるのが早かったのは確かです。

それはディレクターが、入念なロケハンや下調べを重ねた上でロケに臨んでいるため、事前に頭の中に構成ができあがっているからでしょう。

若手の劇場でも、本ネタの合間や、ラストに行う「ゲームコーナー」などのイベントでも、この〝ガチ〟という言葉をよく耳にします。

例えば、イベントで「大喜利」をすることになったら、その「お題」だけを演者に伝えて、あとは〝ガチで〟と丸投げする若手作家が何人もいました。

〝ガチで〟という若手作家を見るたびに思い出すのは、十年以上前、朝日放送の正月の生番組放送中のNGKの楽屋ロビーでのできごと。私はその番組で、オール阪神・巨人さんの漫才台本を書いており、たまたま楽屋ロビーで桂文珍さんの隣に座って、お話をさせていただいていました。

すると、三十分後に始まる「ゲームコーナー」のMCを担当する桂文珍さんのところへ、AD（アシスタントディレクター）が「そろそろお願いいたします」と言って台本を手渡しに来ました。

台本は五枚ほどのコピーでしたが、二枚目に目を通している途中で文珍さんが「僕にはできません」と言って、台本をテーブルに投げ出したんです。

呆然とするＡＤに「〝よろしく〟って書かれても、私にはどうすればいいのかわかりません。ちゃんとやる内容を書いた台本をください。こういうものを台本とは呼ばない！」と真顔で言われ、慌てたＡＤが急いでプロデューサーとディレクターを呼んできました。正月番組恒例のゲームコーナーなので、文珍さんは当然流れも全てご存じだったはずですが、あえて苦言を呈されたんだと思います。

息を弾ませて現れた旧知のプロデューサーに「これはいくらなんでも手を抜きすぎやで。こんなんでギャラ払ろたらいかんわ。本多はんはこんなことしまへんわな」と笑いながら急にこちらに振られ「あ……そうですね」と苦笑いで返しましたが、慣れや惰性で番組を作ってはいけない、いつも初心に帰ってまっさらからのスタートをしなければならないと、身にしみて感じました。

若手作家は甘えず、また演者側も作家に厳しく接してもらいたい。ただただ気心の知れた〝仲良しクラブ〟では、自分たちはラクをして楽しい仕事はできても、お金を払って観にきてくだったお客さんはもちろん、テレビの前の視聴者にも納得してはもらえないでしょう。

手抜きというより、演者が舞台で気を抜いてしまうという、信じられない光景もありました。現在のジャルジャル・福徳（秀介）くんからは考えられないことですが、ジャルジャルがデビューしてまもなくの頃、baseよしもとのイベントのトークコーナーで、そのときの「お題」までは覚えていませんが、福徳くんの担当のエピソードトークが終わった直後、〝自分の仕事は終わった〟という安心感からか、丸イスの中央に両手を置き、両足をいっぱいに広げて、くつろいでいたんです。

私は、キャットウォークから、くつろぐ福徳くんの姿を見た瞬間「MCツッコめよ！」と思いましたが、MCはそのままスルー。その後、何事もなくイベントが終わり、私はすぐに福徳くんに「自分の出番が終わったら終わりちゃうよ。テレビなら、きっと〝なにくつろいでんねん〟とツッコミが入って、おいしいネタに変えてくれるだろうけど、それをするなら計算でやらないと、ただの素人と変わらへんがな」と注意をしました。ただ、そのとき、本人も自分のことで精一杯で、そこまで気が回っていなかったのは確かです。そういうことを積み重ねて、若い演者も作家もプロ意識が育っていくのだと思います。馴れ合わず、両者がいい緊張感を保ってこそ、いい仕事ができるのです。

特に、若手作家のみなさんには、演者と仲良くするばかりでなく、演者以上の勉強を当たり前にすることを強く望みます。演者もまた、日々勉強を重ねてもらいたい。

私自身も含めて〝生きている間は修行中〟です。

東京は〝働く場所〟、大阪は〝最後に帰る場所〟

東京は自分にとって、働く場所でしかないです。ずっと東京で仕事はしていますが、いい思い出はあまりありません。もちろん、上京してからがむしゃらに仕事をしてきましたが、その一方で、どんどん人間不信になっていったのも、東京での仕事が原因です。

駆け出しの頃は誰も僕らに見向きもしてなかったのに、仕事が増えはじめると同時に、知らない人が近寄ってきて「売れると思ったよー！　番組ねじ込んでおいたから！」と言いながら、なれなれしく肩を組んでくるんですよ。僕は笑って答えていましたけど、内心では「誰やねん！勝手にねじ込まんといてくれ！」と思っていました。そういうことが重なっていくうちに、どんどん周囲にバリアを張るようになっていったんです。それが影響したのか、今のように〝テレビでは明るいけど私生活では暗いヤツ〟というイメージもできあがっていったんだと思います。

確かに、東京にいるときの僕はそのイメージに近いと思います。でも、大阪のローカルテレビや、ＮＧＫの仕事が入ったときは、東京の仕事とはモチベーションが少し違うような気がします。淀川を見ただけでテンションが上がる自分がいるんです。

大阪の仕事と東京の仕事の違いは、昔からテレビで観ていたよしもとの諸先輩方と一緒に仕事ができるという喜びが大きいです。もちろん東京でも仕事はできるのですが、例えばＮＧＫのロビー。八方師匠や（ザ・ぼんち）おさむ師匠やらたくさんの諸先輩方がいて、ずーっとおもしろい話が飛び交う場所でもあります。若手の頃は、そこに交じることはできなかったけど、今の自分はこの〝おもしろい場所〟に同席できる……こんなに幸せなことはないですね。

今は、ＮＧＫのロビーで過ごす時間が楽しくて仕方ないんです。

僕の最終的な目標は〝大阪に帰って仕事をすること〟です。

「本多の気づき」

この岡村くんの気持ちは、大方の〝大阪人〟や〝関西人〟なら共感できるでしょう。まさに「東京は仕事をするところ」です。生まれたときからSNSの環境があって、常に東京の情報を入手できる現代の子どもたちには、これほどの意識はないのだろうと思いますが、四十代以上の関西人にとって東京は、今も特別なところです。

東京の方は大阪に対して〝対抗心〟などなく、一地方都市の一つとしか感じていないと思いますが、関西人にとっての東京は、その全てを意識する場所。この対抗心は、太閤はん（豊臣秀吉）の時代から、江戸幕府の時代に移って以降も変わることなく続いているのかなと、私は思います。

全国ネットのいわゆるキー局があることも、芸人・タレントにとっては東京への憧れの大きな要素となります。それだけに、大阪から東京へ進出する若手も多いのですが、彼らがどこまで考えて行動しているのか、本当のところはわかりません。

若手の間にある、もっとも多い意識は「東京に行けばなんとかなる」という勘違い。大阪でもさほどおもしろくないのに、東京に行っただけでおもしろくなるわけがない。「なんとかなる」なんてことはありません。ありえません。

ただ、不思議なことに、東京で夢破れて都落ちしてきたという芸人の名前もほとんど聞きません。勝ったとは言わないまでも、なんとか食べられているのをよしとするならば、明らかな失敗した芸人も存在しないことになります。

環境を変えることもときには必要だし、冒険することに反対もしませんが、東京に行くからには、何か〝秘策〟を持って挑んでもらいたい。

東京で日の目を見られなかったからと言って、低い生活水準で満足してしまわず、堂々と大阪に帰って、また一から勝負をしてもらいたい。それぐらいの覚悟を持って行かないと、失敗ではないかもしれませんが、大勢いる東京の芸人の中に埋もれてしまうでしょう。

私自身が仕事で東京に呼ばれるときは、ある程度のキャリアを積んで、「オール阪神・巨人の漫才を書いている作家」「ナイナイのボケとツッコミを代えた先生」というレッテルを貼られているので、〝よしもとを代表する人〟として扱いを受けることが多く、ありがたいことに

嫌な思いをしたことは全くありません。ただ、作家として東京のシビアさを実感したことはあ
りました。

番組名も、どこの局だったかも覚えていませんが、何かの特番に構成作家の一人として会議に呼ばれて行ったとき、前回の会議に出席していた若い作家さんがいないので「彼はお休みですか？」と聞いたら「前回の会議で発言がほとんどなかったんで切りました」と当たり前のように言われ、衝撃を受けました。能力は別にして、一度呼んだら最低でも一クール（三カ月）は置いてくれる関西と、発言しなければ席がなくなる東京の競争意識の違いを痛感したものです。

どちらがいいのか意見は分かれるところでしょうが、東京の意識を持って会議や打ち合わせにのぞんでほしいと思います。

番組作りの裏にある〝作り手の真剣さ〟

ネタ番組やバラエティなど、どんな番組を作るときも作り手は真剣。例えば、テレビで一分間のコントを一つ作るのにも、オチのパターンは何通りも用意しなければなりません。そして、考えてきた全てのパターンのオチを会議で実演しても、作家さんやディレクターさんにハマらなければボツです。そこからさらに、コントのオチをみんなで考えてもいいオチが生まれないときはオンエアそのものがなくなる。たった一分のコントにも、恐ろしいほどの時間と手間がかかっています。

そんな作り手の苦労を知らず、お笑い評論家のような人が「漫才のスタイルが失われた」「テレビは全然おもしろくない」なんて、簡単にお笑いを批判するんです。それなら、ネタを一本でも書いてみてください、と思っています。

最近は、SNSなどでテレビの番組内容を批判する人たちもいますが、〝作り手の真剣さ〟を知っている自分としては少し悲しく思います。

僕は、まだ駆け出しの頃に、テレビ番組のコントが真剣に作られている現場を目の当たりにしたことがあります。

当時は、テレビ局に行くだけでもウキウキしているような、ただの〝ミーハー大学生〟（笑）。隣のスタジオに菊池桃子さんがいると聞けば、そのスタジオへ見に行き「わー！　菊池桃子さんやー！」とはしゃいでいるだけでした。

その日もコントの収録をするためにフジテレビにいたのですが、スタッフさんが「今、加藤茶さんと志村けんさんが『ドリフ（大爆笑）』のリハーサルをしている」と教えてくれたので、合間を見て『ドリフ』のリハーサルを見学させてもらったんです。

まず、広いスタジオの中に組まれていたどデカいセットに圧倒されました。その大きなセットの前には、加藤さんと志村さんがいました。そのときの加藤さんは、サングラスをかけてガムを噛みながらスタッフさんに、テレビで見せるひょうきんな顔とは全く違う、とても真剣な顔つきで何かの指示を出していました。

いつもテレビの画面越しに観ているお二人が、真摯に番組作りに取り組む姿を見ることができただけで、本当に幸せでした。あのときの『ドリフ』のセットの豪華さやスタジオの活気は、今でも印象に残っています。

『ドリフ』のリハーサルをしていた加藤さんと志村さんの立ち居振る舞いが、あまりにもかっこよかったので、自分のコント収録の現場に戻った直後、加藤さんのマネをしてガムを噛みながらリハーサルに参加したんですよ。すると、段取りの打ち合わせをしていたスタッフさんに、

「岡村どういうつもりでガム噛んでるの？」

「加藤さんがガム噛みながらリハやってたから……かっこいいなと思って……」

「ガムを噛んでるような若手のことを、ベテランの技術さんが撮りたいと思うか？」

と、怒られました。ミーハー大学生だった僕らが、社会人になった瞬間かもしれません。『ドリフ』はもちろん、僕らが出るコント番組のスタッフさんも、みんな真剣に〝笑い〟に取り組んでいたんです。番組作りに真摯に向き合う感覚は、今も忘れないように心がけています。

「本多の気づき」

本当に作り手、裏側は真剣です。じゃれ合っていても目は笑っていない。これからやるコントなり、コーナーのことをずっと考えている。

仕事なんだから、当たり前と言えば当たり前ですが、若手を見ていると、スタッフさんに叱られていた若き日の岡村くんのような子たちを、時々、目にすることがあります。

私は若手の劇場でのリハーサル時には、客席の一番後ろか舞台袖で観るのですが、NSCでの指導が行き届いていなかったと、がっくりくるときがあります。

例えば、舞台のリハーサル中にスマホが鳴る。考えられないことです。「舞台に出るまでに電源を切るか、楽屋へ置いておいで」と優しく指摘したいのですが「電源切っとけアホ！」と一喝してしまいます。その他にも、構成者の説明を明らかに聞いていないと見てとれたとき、「お前、絶対に『さっきのところはどうすればいいんでしょうか』って、後で聞きに行くなよ！周りの者も教えないように。なあなあで舞台に立たないように！」と、これも一喝してしまいますが、はっきり言って舞台に立つ資格がない芸人です。

また、若い構成作家にはコーナー説明のときに、演者側から変更を要請されると、なんの異議も唱えず反論もせず、すぐに変更してしまう人も少なくありません。

「君は自分でシミュレーションして、おもしろいと思ったんやろ？　それなら自分の思い・考えを伝えて、どっちがお客さんにとっておもしろいかを議論せなあかんやん。シミュレーションもせずに書いたのなら、それは明らかな手抜きやから、きちんと謝りなさい」と、これは相手が納得いくように指摘をしています。

〝お笑い評論家〟と称する人たちには岡村くんと同様に、「あんたも書いてみたら」「作ってから文句言えよ」と感じることは多々あります。でも、「それも仕事の一つ」と考えて、参考になることは素直に受け止めています。

ただ、視聴者、お客さんに対しては「裏の真剣さを知ってほしい」と思うことは私にはありません。むしろ、そんなことは関係なく、おもしろかったか、おもしろくなかったかだけで判断してほしいと思っています。

これは私だけなのか、演者と作家、実際に演じる側と演じない側の違いなのか？　意見が分かれるところです。

サクセスルートがわかりにくい現代のお笑い業界

今は、お笑い芸人が成功する道筋がとてもわかりにくい時代だと思います。たとえ大きな賞レースでグランプリを獲ったとしても、必ず成功するわけではないんです。
例えば、コンテストで優勝した芸人さんは、優勝後すぐにいろいろなバラエティ番組に呼ばれ、ひな壇に座ることがあります。それまで漫才を頑張ってきたコンビが突然、テレビ収録で「はい、どうぞ」と言われても難しいと思います。しかも、〝ひな壇〟には僕ら世代の芸人さんもいます。そういう中で結果を残し続けないといけないのは大変だと思います。

ましてや、タモリさんやビートたけしさん、明石家さんまさんなど、僕らが子どもの頃からテレビで観ていた大先輩までもが、現役でテレビに出ている状況。芸人業界は、上が詰まっていて中堅の層が厚く、若手が入れない……ピラミッドの形がとても歪《いびつ》になっていると思います。

このピラミッドを、着実に登っていく王道ルートが、本当にわかりにくい時代です。

一方、僕らの時代は、お笑い芸人が売れるまでのサクセスルートがわかりやすかったんです。まず、賞レースで優勝することが第一歩。会社にコンビの存在を知ってもらうためにも、賞を獲ったり優勝するのは必須条件でした。

その後はテレビの仕事をもらって、うまくいけばレギュラー番組を持たせてもらえる。レギュラーになって顔を覚えてもらい、冠番組をもらってゴールデンに進出。この流れに乗ることができたら人気者の仲間入り。

他にも『スターどっきり㊙報告』でドッキリを仕掛けられたらスターの仲間入り、『笑っていいとも！』に出たら全国区など、目標を設定しやすかった時代です。でも、そのどちらの番組も終わってしまっています。

僕らがイレギュラーだったのは、大阪での実績がほとんどないまま、東京の仕事がどんどん増えていったという点だけ。それ以外は王道のルートを走らせてもらえたので、本当にラッキーでした。

後輩の中には、僕にどうすればブレイクできるのか聞く人もいましたが、僕自身も、先輩に芸能界での生き残り方なんて相談したことはありませんでした。相談されても答えに困るので、後輩からアドバイスを求められても「知らん！」って言うしかないんですよね。

後輩たちには申し訳ないんですけど、正直言うと自分たちのことで精一杯なんです。〝お笑い〟そのものがなくなることはないと思いますけど、今はみんながテレビを観ている時代ではないし、これからテレビはもっと大変になっていく気がします……。

また昔みたいに元気になってくれたらいいな、とは思いますけど、僕らの世代がギリギリテレビで遊べる世代だとは思います。あとは知らんよ、という感じです。

「本多の気づき」

この業界で仕事を始めて三十四年、ＮＳＣの講師になって二十八年、今ほど売れるための「黄金ルート」が見えにくい、見つけにくい時代はないでしょう。おそらく、これからも同じような状況が続いていくと思います。

岡村くんが言うように、ナイナイは大阪で売れてから東京に行くという「黄金ルート」に乗らなかった最初の芸人でもありますが、ナイナイ以降もそういう芸人は少ないと思います。

ＮＳＣ大阪二十二期生で来たキングコングは、現役生の間にＮＨＫの上方漫才コンテストで優勝し、それほど期間もあけずに東京へ行き、レギュラー番組を勝ち取りましたから、彼らも「黄金ルート」とは違う道をたどったコンビでしょう。いきなりのＭＣで、「下手くそ、なんでお前らがＭＣなんだ」と先輩に言われても「初めてやからしょうがないやろ！」と、いい意味で西野くんが開き直れたこともよかったと思います。そこで萎縮してしまっていたら、今頃消えていたでしょう。

あまりの忙しさに自分を見失った梶原くんが、一時〝逃亡〟してしまい、いったんは全てがリセットされてしまいました。そのままコンビ自体も消えてしまうのが普通ですが、「ＮＳＣで見つけた宝物」（西野談）と梶原くんの復帰を待った西野くんの踏ん張りと、吹っ切れた梶原くんの頑張りが「新生キングコング」を生み出しました。

また、タモリさんの「絵本書いてみれば」というひと言にも敏感に反応し、今や世界の西野になろうとしている「絵本作家・西野」。デビュー作でいきなり芥川賞を取ったNSC東京5期生のピース・又吉直樹くんも、これまでのお笑い業界の常識では、考えられない偉業を達成しました。

彼らのように〝本職〟である漫才・コントを続けながら、そこだけにとどまらず多彩な才能を発揮していく芸人たちは、これからも増え続けるでしょう。

リズムネタの「ラッスンゴレライ」で一世を風靡《ふうび》したNSC大阪三十六期生の8・6秒バズーカーが売れたきっかけは、まずネットで話題になり、YouTubeで拡散されたことで、瞬く間に全国ネットで放送されるようになったからでしょう。

私は彼らを「スマホ芸人」と呼びましたが、地方の小学生が画面を見ながら「ラッスンゴレライ」を連呼している姿は、まさしく「スマホ芸人」として認知されていることを物語っていました。しかし、どれほど脚光を浴びても、二弾目、三弾目がないと長続きはしないので「一発屋」と呼ばれてしまいます。ただ、「一発屋」のヒットを生み出すこと自体が誰にでもできることではありませんから、私は高く評価しています。

露出がテレビ・ラジオ・舞台・誌面だけではなくなった現代。正直、何が当たるか、誰がどう化けていくのか私にも読めません。

一つ言えることは、「与えられたものを一生懸命にやること」と、岡村くんが「知らん」と言っても、岡村くんの話が聞きたい、知りたい、観てもらいたいと本気で思っているなら、遠慮と躊躇《ちゅうちょ》はしないことです。

当たり前のことですが、礼儀正しく、誠意を示し、その上で「遠慮と躊躇は敵！」。これは、この業界に限ったことではないと思います。

みんなが「テレビってすごい！」と思えるような現場に

プライベートの食事はとても地味なのですが『めちゃイケ』の現場の食事はロケ弁ではなく、いろいろな料理を選べる、ホテルのビュッフェのようなシステムを導入していました。

『めちゃイケ』のゲストとして出演してくれた若手の人たちが、僕らのケータリングを見ると「やっぱり（めちゃイケは）、すごいんですね～」なんて、感動してくれるんです。僕らが豪華なケータリングにしてほしいと頼んだわけではありませんが、深夜でも温かいごはんが食べられるように、とスタッフさんが気遣ってくれて、以来ずっと続けていたスタイルですね。

もちろん、バブルの頃のように番組にお金をかけられる時代ではありませんが、「テレビは華やかな場所」と思えるようなところにしたいなぁ～と思っています。

そう思うきっかけになったのは、僕が『とんねるずのみなさんのおかげです。』の人気コントコーナー「仮面ノリダー」に出演したときのこと。撮影中に目にした『みなさんのおかげです』のとんねるずチームの仕事ぶりから機材やセット、ケータリングに至るまで、全てが超豪華でした。

撮影が行われたのは、特撮ドラマで登場するような採石場。だだっ広いロケ場所には、とんねるずのお二人が自由に動き回っても映像に収められるように、ものすごい数のカメラが設置され、ハイエースの後部座席にはモニターがズラッと並んでいました。そこでは大勢のスタッフさんがモニターチェックをしていて、とにかく関わっている人の数が多い！　本物のシェフがいるケータリングコーナーでは、カレーとラーメンをその場で作ってもらい、できたてのおいしい料理が食べられるという贅沢さ。「ロケ弁ちゃうの!?」と驚いていたら、このケータリングこそが、とんねるずチームの現場でのスタイルだと教えてもらいました。

その後、なかなか撮影が始まらず、不思議に思いながらとんねるずさんとのんきにカレーを食べて待機していると、（木梨）憲武さんが自分のアメ車のトランクからゴルフクラブとゴルフボールを出してきて、バーン！　と、突然打ちっぱなしを開始。そのままボールがどこかに飛んで行ってロストボールしても、全くおかまいなし。憲武さんの行動は、全く理解できなかったんですけど、ただただ「スーパースターや……」と思ったのは、よく覚えています。

貴明さんと僕はひと通りメシを食い、憲武さんの打ちっぱなしが終わると、「そろそろやる?」という、貴明さんのひと言で、撮影がスタートしました。

撮影前の事前打ち合わせでは「最後に、ここでジャンプして終わりね」と、憲武さんに言われていたので、その通りにジャンプをしたら、貴明さんと憲武さんのアドリブで撮影が進んでいきます。とんねるずさんって、段取り通りにコントをしないいんですよ(笑)。でも、その日の撮影は心の底から楽しかったです。収録が終わったとき、着用したノリダーの衣装を一式いただいて帰ったので、今でも部屋に飾ってあります。

『みなさんのおかげです』の撮影は、自分にとってとても貴重な経験でした。なので、『めちゃイケ』の撮影で若手に「すごいケータリングですね」と言われたら「とんねるずさんもやっていた伝統やからな~」と、答えていました。

最近は、昔はもっと華やかな業界だったはずなんだけどな、と思うことが増えました。節電のためテレビ局内の電気も消しているから、本当に薄暗いし(笑)。

今のテレビの状況を見ると「僕らはテレビが一番元気だった時代をかじらせてもらえたギリギリの世代だったのかも」とも思います。

「本多の気づき」

私もバブルの終わりの方をかじった人間ですが、仕事のほとんどが大阪だったので、そこまで豪華なケータリングは残念ながらお目にかかったことがありません。

それでも、多少バブルを感じられる現場は少なからずありました。「K-1」がブームになる前、格闘家の角田信朗さん、女子プロレスの長与千種さんらが出演していた関西テレビの『熱血！ハイテンション』という格闘技オタク向けのような深夜番組の構成を担当していた頃です。それほど予算があるとは思えないこの番組の会議後には、毎週必ずかなり高級な焼肉店で食べ放題。移動するのも番組のタクシーチケットを渡されていました。同じく『痛快！エブリデイ』（一九九三年十月～二〇〇八年六月まで十四年九カ月間、月～金の帯に関西ローカルで生放送されていた情報番組）では半期ごとにお店を貸し切って、出演者、スタッフさん一同での懇親会を開催していましたね。毎回五十～六十人は集まったんじゃないでしょうか……。もちろん会計は局持ち。番組の会議でも局内の喫茶コーナーから、好きなものを好きなだけ注文していました。また、深夜でなくても、移動は番組のタクシーチケットがほとんど自由に使用可能でしたね。

テレビの元気がなくなり、蛍光灯を外しているような〝質素倹約〟を旨とする現在のテレビ局では考えられないことが多かったです。これぱっかりは、個人の力でどうにかできるものでもないので、〝古きよき時代〟の思い出にするしかないでしょうね……。

テレビ局は関係ありませんが、二十年以上前のこと、初めて西川きよし師匠の新年会にお邪魔したときは、その豪華さに「これがスターなんや！」と感動しました。

当時の西川さんのお宅はリビングが四十畳以上あったでしょうか。なにしろ、集まった芸人、総勢四十七人が全員一緒に座れたのですから……。四人に一つのテーブルが用意され、それぞれに焼肉用のホットプレートと、鍋用のカセットコンロが置かれていて、お肉と鍋料理の材料が、次から次へと途切れることなく出てくるんです。

実際に見たわけではありませんが、集まった芸人さんたちと「肉専用、魚専用、ビール専用……と冷蔵庫が何台もあるんちゃうか？　小さい居酒屋では太刀打ちできひんで……凄いな〜！」と、私も含めて、当時の若手芸人たちは一様に度肝を抜かれてしまいました。

〝余興〟には桂三枝さん（現・六代 桂文枝）と西川へレンさんのデュエット、島田紳助さんの替え歌……そのまま四時間ものの特番にできそうな、忘れられない夢のような大宴会でした。

岡村くんも意識しているように「やっぱりスターは違う」と思えるような体験を、若手のうちにさせてもらえるのは、仕事へのモチベーションにも影響があるのではないか、と思います。

芸人のランク

今まで「この人と仕事がしたい」と、明確に口に出して言ったことは一度もありませんが、子どもの頃から、テレビや映画でずっと観てきた憧れの人たちとは、一緒に仕事をすることができました。

ビートたけしさん、タモリさん、明石家さんまさんという、ビック3の方々はもちろん、中学時代にラジオを聞いていたとんねるずさんともご一緒できました。さらに、お笑いの世界を飛び越えて高倉健さんともお仕事させていただけて、夢が叶ったと感じる瞬間は何度もあったんです。

夢を叶えることができたのは、周囲の人たちの協力が一番大きいのですが、他に要因があるとすれば、〝自分の頑張り次第で芸人としてのランクが上がる〟という意識を常に持って仕事に臨んでいたのも、大きな理由かなとは思っています。特に、自分の番組を持ってからは、よりその気持ちが強くなりました。

いつも「俺らが頑張っていれば、自分たちの番組に志村けんさんが来てくれはるんちゃうか」と思いながら、目の前の仕事に一生懸命臨んでいたら、ゲストに志村さんが決まったっていうこともあって……。あのときは、嬉しくて飛び上がりましたよ。

今でも、不思議な感覚に陥ることがあるんです。例えば、タモリさんと一緒に仕事をしているときに、ふと隣を見るとタモリさんがいて笑っている。その瞬間「うわ！　タモリさんや！」とミーハー気分で我に返ることもよくありますね（笑）。

僕個人としては、夢が全て叶っているので、正直、今の自分には「こんな仕事がしたい」とか〝やり残したことがある〟などという気持ちが全くありません。そんなことを言うと「思い残すことがないほど、笑い取ってへんやんけ！」って怒られるかもしれないですけど（笑）。

「本多の気づき」

芸能人にとって〝ランクが上がる〟とは、一体どういうことなのでしょうか。事務所の体制や、個人の考え方によっても差はあると思いますが、順不同で「ギャラが上がる」「個人にマネージャーが付く」「新幹線が指定席からグリーン車に変わる」「弁当（食事）をオーダーできる」「仕事を選べる」「スタッフさんが共演者を忖度してくれる」「事前にスタッフさんが共演者のOK・NGを確認してくれる」「出演者を代えられる(すでに決まっている共演者をカットする)」……最終的には、演出も含めて自分の思うままに「仕切って」しまえることでしょうか。

ただし、その代償として自分自身の責任も、とてつもなく大きくなることでしょう。そして、しっかり責任を負う人の周りにはイエスマンだけでなく、忌憚《きたん》ない意見や進言をしてくれる人が付いているように思います。

決して自らもお山の大将にはならない、させてもくれない人が目の届くところにいて初めて、最上級のランクに到達できるのではないでしょうか。私はそう思っています。

また聞きですが、格の違いを実感したエピソードが一つあります。まだ時代が「昭和」だった頃、オール阪神・巨人さんから伺ったお話です。

　お二人が、ワイドショーの仕事で当時の大スター・萬屋錦之介《よろずやきんのすけ》さんの取材のために京都の太秦映画村を訪れ、時代劇でよく出てくる奉行所のセットの中にあるお白洲で、インタビューをすることになったそうです。その当時は、スタッフさんはもちろん、どの俳優さんも大門の横にある木戸から出入りをするのが暗黙のルール。しかし、萬屋さんだけは、ど真ん中の大門を全開にして出入りができ、その萬屋さんを、スタッフさんが総出でお出迎えするのが通例だったそうです。映画村のスタッフさんが「錦之介先生は別格」と話していたとか。そうやすやすと開くことのできない大門を開くことができる、それこそ、その世界で頂点を極めた「最上級ランク」の人がなせる技ではないでしょうか。

　私自身も、岡村くんの言う通り「自分の頑張り次第で、芸人としてのランクが上がる」という強い気持ちを、もっと今の若い世代の人たちにも持ってほしい、と思っています。もちろん売れるためには「運」や「いい出会い」も必要ですが、それ以上に本人の頑張りや、どれだけ笑いが好きか、仕事が好きなのかどうかも重要な要素。芸人に限らず、とにかく全力を出して精一杯やること、それこそが〝自分のランクを上げる〟ための近道になる、と私は思います。

バラエティ番組の見方

家に帰ったら、絶対にテレビを観ています。地上波はもちろん、BS、CS、ネット動画配信サービスまで、とりあえずチャンネルを替えながらバーッとザッピング。番組表を確認せず、適当にチャンネルを切り替えているのですが、最終的にたどり着くのは、海やジャングルに棲んでいる動物の生態を追うドキュメンタリー番組や、スポーツ中継ばかり。逆に全く観ないのはバラエティ番組。自分が出演しているかいないかに関係なく、自らバラエティ番組を観ることはほとんどありません。

どんな番組も一視聴者として観ているつもりなのですが、バラエティ番組の場合は視聴者になりきるのがかなり難しい。テレビが大好きだった子どもの頃と違って、素直にバラエティ番組を楽しめなくなっているのが原因だと思います。長いことバラエティ業界で働いていると、番組の裏側がたくさん見えてきてしまうんですよね。

たとえバラエティを観ていたとしても「この編集はなに?」「なんでこのタイミングで彼を映さないのか」とただただツッコむだけ。自分は全く関わっていない番組に対しても裏方の視点で観てしまうことがあります。

ツッコむだけではなくて、番組の構成や演出に少しでも違和感があれば「ここは何か事情があって、こういう流れにせざるをえなかったんやろなあ」なんていう、事情を想像しちゃう。結果、番組の内容やおもしろさに集中できなくなってしまうことが多いんです。

バラエティが純粋に楽しめなくなった今では「これウソやん」ってツッコまずに観ることができる、筋書きがないドキュメンタリー番組や、スポーツ中継を無意識に選んで観ているのかもしれません。

でも、二〇一六年に最終回を迎えた『いきなり!黄金伝説。(以下、黄金伝説)』は、大笑いしながら観ることができました。最終回を観た後に「すごいなあ、これ終わらん方がええんちゃうかなあ」と思って、よゐこ・濱口(優)に「終わらせたらもったいないよ。めちゃめちゃおもろいやんけ」と伝えたんです。すると「昔みたいにはできなくなってきてるからなあ」と言われてしまいました。

『黄金伝説』は体を張る企画も多かったし、最近の規制で思うように番組を作れなくなっていたのかもしれません。規制などの縛りは、どのバラエティ番組も同じ状況ではありますが、それでも一八年も続いていた番組なだけあって『黄金伝説』の最終回は、さすがのおもしろさでした。

本多の気づき

〝バラエティを楽しめない〟は全く同意見です。

「なんでそこでツッコまへんねん！」とか「カメラのスイッチングが違うやろ！」とか、作り手側の目線でほんとにツッコみながら真剣に観てしまうので、バラエティ番組を観ていると神経が疲れてしまいます。これは、この業界で働く人にとっての〝あるある〟なのではないでしょうか。

ＮＳＣの授業でも、「バラエティを観るときには、一視聴者ではなく、自分があの現場にいたら、何を言うか、どうボケるか、どうツッコむかを考えながら観るように」と教えているので、私自身も余計に笑えなくなっているのかもしれません。

加えて、本職が漫才作家なので、プロになって以降は漫才、コントを観て心の底から笑ったことは一度もありません。

おもしろいと「なんで俺はこういうボケが思いつかないのか？」という悔しさが湧き、おもしろくなければ「どうすれば、これをおもしろいものにできるだろうか」と、ネタ作りの方に気持ちがいってしまい、笑うことを完全に忘れています。

そのため、気楽に観ていられるのは、岡村くんと同じように台本のないスポーツや動物のドキュメンタリーになってしまいます。

それでも、そこで起こったハプニングには大笑いをして、次の瞬間、「ネタにできないかな……？」と考えてしまうので、やはり〝職業病〟なのでしょう。

岡村くんは『黄金伝説』をまたやってほしい、と言っていましたが、私にも復活してほしい番組が二つあります。

どちらも、前述した『痛快！エブリデイ』という情報番組です。

この番組は月〜金の帯番組で、毎日テイストの違う内容を放送していました。そのため、一つの番組ですが、司会者以外は全く違う内容だったので、あえて二つの番組とさせていただきます。

私が関わっていたのは、その中の二日間。一つは月曜日の「男がしゃべりでどこが悪いねん！」です。司会の桂南光さんとパネラー（レギュラーは、桂ざこば、中田ボタン、桂きん枝、大平サブロー各氏とゲストが二名）が文字通りにフリートークで、その時々の世相を斬るという内容。今考えても生放送でよくやっていたな、と思うほど過激でありながら、見事に放送コードギリギリのラインを良識ある出演陣によって守っていました（時々外れることもありましたが……）。

月一レギュラーとして出演していただいた大竹まことさんに「日本一のトーク番組」と『週刊文春』のコラムで言わしめた番組です。

さまざまなしがらみが多い現代こそ、余計な忖度なく本音で語る番組として復活してほしいと、切に願っています。

もう一つは木曜日の「モーレツ!怒りの相談室」。ご近所のトラブルから行政への苦情まで、視聴者目線でパネラーが解決策を探っていく、というもので、行政や企業への電話取材、直接取材など、十分に調査をして実に真摯に対応していました。

国政を揺るがした「社会保険庁の不正疑惑」を、日本で一番最初に放送したのもこの番組で、微力ながら社会貢献できたのでは、と自負しています。

ゴールデン番組の正解

二〇一八年の三月に終了した『めちゃ×2イケてるッ！』は、僕たちが全国ネットの番組に呼ばれるようになった頃と、ほとんど同時くらいにスタートした番組で、二十二年間放送されました。『めちゃイケ』が始まってすぐ、日テレのゴールデン枠で『ぐるぐるナインティナイン』（以下、『ぐるナイ』）も始まっていたので、何がなんだかわからないうちに進行してしまった、というのが正直な感想です。

当時は二十代半ばの若造だったし、東京で起きているナインティナインブームは一過性のものだと思っていたので、もっと慎重に段階を踏んでいきたかった。なので、喜びよりも先にゴールデンの時間帯に自分たちがメインのレギュラー番組を持つ不安の方が、断然大きかったのは覚えています。

そして、『めちゃイケ』や『ぐるナイ』が始まってすぐに、自分が思い描いていたゴールデン番組像と現実のギャップに苦しめられることになりました。あの頃からずいぶん経ちますが、ゴールデン番組の正しい作り方は、未だにわからないんですよね。

『めちゃイケ』が放送されていた土曜八時の枠と言えば、かつては〝土八戦争〟と呼ばれていたほど、名だたる伝説のバラエティ番組が放送されてきた枠です。TBS系ならば『8時だョ！全員集合』や後続番組の『加トちゃんケンちゃんごきげんテレビ』が視聴者を独占していました。

それもあって土曜八時枠に自分たちの番組を持つことの喜びや、プレッシャーを感じていたのですが、『めちゃイケ』の放送が始まると、思い通りにいかないことばかりだったんです。

『めちゃイケ』の前身は一九九五年十月〜一九九六年九月まで放送されていた『めちゃモテ（めちゃ×2モテたいッ！）』という、深夜番組。『めちゃモテ』の後半はパロディー要素が多いコントを中心に、とにかく好き勝手にやっていたので、手探りではありましたが、みんなで楽しんで番組を作っていました。

しかし、一九九六年十月には『めちゃ×2イケてるッ!』に題名が変わり、ゴールデン番組になった途端、コントのコーナーが少なくなってしまったんです。当時は、一人のゲストを呼び、僕たちレギュラーとトークをするのが『めちゃイケ』の基本的なスタイルでした。

時々、江頭(2:50)さんが突然現れては、現場をかき回して去っていく、という内容で一時間の放送が終わっていくんです。『めちゃイケ』のロケを行うたびに「ゴールデン番組ってこんなんやったっけ?」という、モヤモヤした気持ちをずっと抱えていました。

もちろん、ゴールデンの時間帯はお子さんからお年寄りまで幅広い年代の人に向けた番組を放送しなくてはならないことはわかっていたのですが、収録が始まるたびに「全然おもろないわ。こんなの何がおもろいねん」という、モヤモヤが残ってしまう。しかも、僕が納得できていない内容のときほど、いい視聴率が取れることもあれば、『めちゃモテ』時代からの視聴者からは「ゴールデンになってつまらなくなった」なんてことを言われたり……。そんな状況が、長らく続いていたので『めちゃイケ』の総合演出の方とは、しょっちゅう衝突しました。

例えば、ある撮影をしていて、あまりに長い時間ダラダラとカメラが回っているので、何かおもしろいことをしようと思ってヘンな雄叫びを上げると、作家さんから「ここは抑えていこう」という指示を出してくる。なぜ抑えなければならないのか理由を聞くと、「最後にドンってひっくり返すから、それまではまじめにしてて」とのこと。「〝まじめな時間〟が明らかに長すぎますよ。途中途中に小さな笑いがあってもいいじゃないですか！」と、反論をする、というやりとりがたびたびありました。

僕がずっとそんな調子だったので、ことあるごとに蒸し返されて〝あの頃の岡村は反抗期だった〟なんて、今でもイジられています。

一方、『めちゃイケ』とほぼ同じ時期にゴールデンに進出した『ぐるナイ』は、他のゴールデン番組に比べれば、比較的自由にさせてもらえる場所でした。しかし、そこで問題になったのは視聴率の低さ。いろいろなことに挑戦できるのはすごくありがたかったのですが、いかんせん数字に結びつかなかったんです。

やりたいことができない『めちゃイケ』の視聴率はよくて、やりたいことができる『ぐるナイ』は視聴率が悪い。まさに両極端の番組に挟まれて、〝ゴールデン番組〟の正解が全くわからなくなってしまったんです。

そんな中、それまで好きなことを自由にさせてくれていた『ぐるナイ』では「ゴチ（ゴチになります！）」が、短いコーナーの一つとして始まりました。

「ゴチ」が始まったときも、ガキンチョだった僕は「そんなん、メシ食って値段当てるだけなんて、一体何がおもろいんですか!?」と猛反発しましたが（笑）、「ゴチ」は、『ぐるナイ』の看板コーナーになりました。

今ならわかりますが、あの頃の『ぐるナイ』の会議では、たくさんの人がいろいろな企画を出して、みんなで頭を捻っているにもかかわらず数字が取れない、すごく危機的な状況だったと思います。もしも「ゴチ」の企画が生まれなかったら、番組自体が終わっていたでしょうね。

深夜に『めちゃモテ』をやっていた頃は、みんな手探りでしたが、すごく楽しかったし、たとえゴールデンに進出できなくても、ずっとおもしろいことができたんじゃないか、と今でも思います。ただ、結局は〝土曜八時〟という枠に行かなければならない大きな時代の流れのようなものがあったよな、ということは、総合演出の方とも話したことがあります。

ゴールデンに限らず「正解」はないんでしょうね。結局は、視聴者に委ねるしかない部分でもありますから。

その番組を観たいと思う人が多ければ、そのときその番組は「正解」になるのでしょう。でも、この「正解」は流動的で、いつ変わるか全くわからない。ネットやケーブルTVの番組など、いわゆるキー局が作る番組以外のものが増えて、本当に多種多様化してきている今、「視聴率」なるものが、どこまであてにできるのか？　視聴率が低くてもいいものはいいし、反対に視聴率が高くてもできの悪いものは悪い。

私自身も、三十年以上テレビに関わってきましたが、会議の席などでは「視聴率」を上げるにはどうしたらいいのか頭を捻り、毎回その数字に一喜一憂するプロデューサー、ディレクターに話を合わせてきました。しかし、個人的には、正直に言って何の興味もなかったので、視聴率のことなど考えたことがありません。

考えているのは、視聴者にもわかりやすいように、丁寧に作ることだけ。ここがテレビを中

「本多の気づき」

心に考えている「放送作家」と、漫才台本を中心に考えている「漫才作家」の違いなのかもしれませんが……。

ちなみに、前述した『痛快！エブリデイ』に番組立ち上げから私を招き入れ、テレビのイロハを教えてくださったのは、関西テレビの故・苧木《おぎ》晃《あきら》プロデューサーでした。

私より四歳年上の敏腕プロデューサーでしたが、番組途中、志半ばにしてガンを発症し、四十代の若さで早世されたのが残念でなりません。

苧木プロデューサーはテレビ屋さんらしく「ほんとに重要なのは、こんな数字より中身やけど、これは民放のサガやね」と、常に視聴率を気にかけておられました。

関西ローカルの番組が、全国ネットのワイドショーが数多く流れる午前中の激戦区で「視聴率十％」を超えるのは容易なことではありませんでしたが『痛快！エブリデイ』は、かなりの回数、二桁の視聴率を記録しました。そして、前日の放送が十％だったか十二％だったかを超えると、司会者とスタッフさんのお昼ごはんは「高級うなぎ専門店」で、事実上の食べ放題となっていました。

視聴率が十五％を超え、占拠率四十％を超えたときには「記念品」として、テレフォンカードなども支給された記憶があります。記念品にも時代を感じますね。

とにかく、視聴率が自らの手では、どうにもならないこととわかっていながら、一喜一憂していた苧木さんが、いつも「本多さんはいいね、気にせえへん人やから」とおっしゃっていた言葉が、今でも耳に残っています。

〝ネタ帳〟を持つようになった理由

長年、相方と二人で放送していた『ナインティナインのオールナイトニッポン』が、二〇一四年から『ナインティナイン岡村隆史のオールナイトニッポン』に変わり、僕が一人でパーソナリティを務めることになりました。

相方がいなくなってから、僕は話のネタになりそうなできごとをノートに書き留め、そのノートをブースに持ち込むようになったんです。

若い頃に「ネタ合わせもせず、打ち合わせもしないで、おもしろいことをするのがかっこいい芸人や」という思い込みがあって、コンビでラジオに出ているときは、全く何の準備もしていませんでした。「何も用意しないのが、ラジオの〝フリートーク〟やろ!」っていう、変な固定観念があったんですよね。

そこで一人になったタイミングで、他の芸人さんたちはどうやってラジオに臨んでいたのか、ラジオ局の人に聞いて回ったんです。

するとと「ビートたけしさんは『ビートたけしのオールナイトニッポン』放送時、ブースにネタ帳を持ってきていた」という話を聞きました。その他にも、鶴瓶師匠のラジオにゲスト出演したとき、鶴瓶師匠もネタ帳を持ってこられていました。

大先輩がネタ帳を活用していることを知ってからは、僕も自分に起きたできごとを書き留めるようになったんです。ネタ帳に書いてある事柄全てで笑いを取れるわけではないし、自分にしかわからない書き方をしているノートなのですが、持っているだけでも安心感はありますよね。

実は、タモリさんも仕事の事前準備は怠らない方だと思いました。僕たちが初めて『笑っていいとも!』の「テレフォンショッキング」に出たとき、タモリさんの楽屋に挨拶をしに行ったんです。すると、あのタモリさんがナインティナインが出ている雑誌を読んでくださっていて、雑誌の写真を指差しながら「出てるね～!」と、笑顔で迎えてくださったんです。その対応が嬉しかったのと同時に、タモリさんがゲストの情報を頭に入れてから、本番に臨んでいることに驚いたのを覚えています。

僕の勝手なイメージですが、タモリさんは「テレフォンショッキング」のゲストのことは何も知らない状態で、トークしていると思っていたんです。タモリさんしかり、ビートたけしさんのネタ帳しかり、一流の人ほど事前準備を怠らない、ということなのかもしれません。

「本多の気づき」

ネタ帳は必ず持つべき。

ノートと決めなくても、メモを取る、スマホに音声や文字で残す、ネットのニュースや情報で気になったものは、プリントアウトして「ネタストック」として、ファイルを作る習慣は、一日でも早く始めることをおすすめします。

今となっては伝説になってしまった島田紳助さんの「紳助ノート」をご存じでしょうか。

紳助さんがふとした瞬間に思いついたネタや、ギャグがびっしりと書かれたノートで、以前、紳助さんと同期のオール巨人さんが「紳助のノートが何冊かあったら一生ネタに困ることないんちゃう」とおっしゃっていたのが印象的でした。一度、実物を拝見したかったですね。

ネタの書き留め方は人それぞれ、本人がわかるようにさえしておけば十分ですが、その〝ネタ元〟を見て、そのときに感じたこと、派生して思いついたボケや膨らませ方なども付け加えておくと、後々、本当に助けてくれます。

私の生徒で言えば、南海キャンディーズの山ちゃんが、ネタ帳というか、メモ魔なので、気づいたことなど、役立ちそうなことはとにかくメモに残しています。以前は食事の席でも、ネタとして〝いい話〟を聞いたときは、トイレに行って忘れないうちに書き残していましたが、おそらく今もメモに書くか、スマホに録音していることでしょう。

ちなみに私も、長年同じことをしています。芸人さんはもちろん、他の業種の方も、一般のみなさんも日頃の話題に、トークの材料に、役立つこと間違いなしの必須アイテム。

今日から、今からネタ帳生活を始めましょう。

バッターボックスに立つことの重要性

まだ僕らがテレビに出始めで認知度も低かった頃は、なかなか前に出ることができませんでした。NSCに入ったときは「一発かましたる」「目立たなアカン」とか、そんなことばかり考えていたのに、テレビに出た途端、全然ダメ。テレビの世界の華やかさに圧倒されていたんだと思います。

あるバラエティ番組に出演したときに、笑いが取れるかどうかよりも、〝バッターボックスに立つ事〟がもっとも重要であることに気がついたんです。

バラエティ番組の収録で目立つことができなかった僕らは、本当に陰に隠れている状態でした。若手時代、『ビートたけしのお笑いウルトラクイズ!!』に出演したときも、全く何もできませんでした。

「他にもいろいろな芸人さんがおるし、(たけし)軍団さんもいる中で、僕みたいなのが前に出ていっても仕方ないなあ」と思って、何もしなかったんです。その他の大きな特番に、若手芸人の枠で出させてもらっても、何も発言しないまま収録が終わることもありました。何の爪痕も残すことができませんでした。

そんなとき『FNS番組対抗! なるほど! ザ・春秋の祭典スペシャル』に出たときに、考え方が一変するできごとがあったんです。

このときは、後ろの方の席でもギリギリ画面に映るくらいの位置に座らせてもらえました。収録が始まった当初は、そんな長い時間テレビに映ることはあまりなかったので、嬉しい半面、周りにいる華やかなタレントさんたちに圧倒されて、やっぱり何もできずに萎縮していたんです。だって、同じ画面には、明石家さんまさん、とんねるずさん、ダウンタウンさんなどといった、憧れのスターがズラッと並んでいました。

そして、早押しクイズのコーナーが始まりました。「ここにボーッと立っていても、今日来た意味がない」という感覚が湧き上がってきて、何の策もなしに早押しのボタンをめがけて走っていきました。そのときの僕は周りが見えていなかったので、司会の楠田枝里子さんにぶつかって転倒させてしまったんですよ。猪突猛進、まさに若気の至りです。

楠田さんが転倒した直後、今田（耕司）さんがこっちに走ってきて、僕を投げ飛ばしたんです。それから今田さんは「うちの後輩がすんません！　お前、謝れ！」ってフォローをしてくれた瞬間、スタジオに笑いが。

もちろん、今田さんのフォローがあってこその笑いなので、全く自分の手柄ではありませんが、もしこのとき前に出ようと走らなかったら、僕が笑いの中心にいるようなハプニングは起きなかったと思います。

この瞬間に、バラエティ番組において、バット（ボケ）を持ってなくても、バッターボックスに立つことの重要性に気づきました。これは新しい発見でしたね。

「本多の気づき

まず何よりも、バッターボックスに立たなければバットも振れないし、当然バットを振らなければヒットが打てるはずもない。

他の出演者は全員〝ライバル〟ではあるけれど、誰かが何かをすれば、そのフォローをすることで笑いが取れる可能性もあるから、そこに絡んできてくれる。岡村くんの突飛な行動をフォローして笑いに変えた、今田くんの機転がそれです。そうすることで〝計算〟ではない予想外のハプニングが生まれます。ライバルでありながら、足を引っ張るのではなくフォローし合うことで、みんなが生きるW－N－W－Nの関係を作ることができるのです。

「遠慮と躊躇は敵」と書きましたが、このバッターボックス理論にも当てはまります。

もう三十年近く前のことになりますが、その漫才を全て私が書いていた頃のトミーズは、東京の『笑っていいとも！』を含めて、名古屋、大阪で合計十本以上のレギュラー番組を抱えていた時期がありました。その中の一つ、朝日放送の『わいわいサタデー』という番組のMCをトミーズが担当している映像を観て、すごい違和感を覚えました。二人が司会のはずなのに、雅くんだけが前に出て、健ちゃんが極端に後ろに引いてしまっていたのです。
私はすぐに健ちゃんとマネージャーを交えて、その〝意図〟を聞くことにしました。そこで健ちゃんから返ってきた答えを聞いて唖然《あぜん》!

健「雅が前に出る方がおもしろいですやん」
私「そしたら、今日、雅がなんかの理由でおらんようになったらどうすんのん?」
健「怖いこと言わんとってくださいよ!」
私「わからへんやんか、健ちゃんも出て行かな、二人でおもろせな」

この話し合いの翌週から、うめだ花月シアターの劇場のプログラムに〝漫談トミーズ健〟の出番を入れてもらい、一人でもしゃべれるようになるための稽古が始まり、文字通り悪戦苦闘。しかし、独り立ち特訓の結果、現在、関西では若手からも容赦ないツッコミを入れられる先輩芸人という彼にしかできない〝健ちゃんポジション〟を確立しました。自分から動く、バッターボックスに立つことは、芸人にとって本当に大切です。

憧れのスター「とんねるず」への想い

憧れのお笑い芸人は、とんねるずのお二人です。『ザ・ベストテン』に出演して大暴れしているとんねるずさんを観て、子どもながらに「すごいなあ」と思っていたのを、よく覚えています。

僕がとんねるずさんを好きになるきっかけになったのは、中学生のときに聞いたとんねるずさんの『二酸化マンガンくらぶ』というラジオでした。僕の周りは、明石家さんまさんやダウンタウンさんがパーソナリティを務めていた人気ラジオ番組『ヤンタン（MBSヤングタウン）』を聞いている友人が多かったのですが、僕はとんねるずさんのラジオばかりを聞いていました。番組にはハガキを書いて送っていたのですが、読まれたことは一度もありませんでしたね（笑）。

『二酸化マンガンくらぶ』の後はラジオで『とんねるずのオールナイトニッポン』が始まり、テレビでは『とんねるずのみなさんのおかげです。』の放送が開始。

中学時代には、とんねるずさんが司会を務めるアイドル番組『夕やけニャンニャン』を夢中で観ていました。高校受験のときも「高校に入学したら、東京に行って『夕やけニャンニャン』をスタジオで観る！」という目標を立てて勉強を頑張りました。結局『夕ニャン』のスタジオ観覧には行きませんでしたが、高校では部活の後輩だった矢部に「『夕やけニャンニャン』観てますか？」と、話しかけられてから意気投合。大学受験で浪人をしていた頃には、勉強の合間にとんねるずさんの番組を観て休憩するなど、僕にとってその存在が、生活の一部になっていきました。

相方と仲良くなるきっかけにもなっているので、いろいろな意味でとんねるずさんへの想いは強いですね。

「本多の気づき」

岡村くんに限らず、誰しも憧れの存在がいるでしょう。それを憧れで終わらせるか、その人たちと仕事を共にするか、これればかりは誰にもわかりませんが、岡村くんが何も知らずお笑い業界に飛び込み、そこで自分たちがどれだけ頑張ってきたのかという、証明にはなるでしょう。

私はオール阪神・巨人さんが大好きでした。憧れでした。

お二人のデビューが一九七五年四月。私は同じ年の八月に心臓発作で倒れ、十七歳から二十五歳までの入院・療養生活の中で、ずっと観続けていたのがオール阪神・巨人さんの出演されていたお笑い番組でした。

毎日放送の大人気番組『ヤングおー!おー!』の一般公募で、お二人に「オール阪神・巨人」という名前がつく前、桂三枝さん（六代 桂文枝）のラジオ番組に、素人として出演されていた頃からの筋金入りのファンです。

そんなお二人の漫才台本を三十四年間も書かせていただいている幸せは、余人には想像もつかないことだと思います。

また、映画俳優のジャッキー・チェンさんは、私のヒーローでした。中学時代は、同じく映画俳優のブルース・リーさんにハマり、一時は少林寺拳法の道場へも通っていましたが、先述のように闘病生活が続き、身体も自由に動かせなくなったこともあり、ジャッキー・チェンさんの映画に夢中になっていました。

作家として仕事をするようになって十数年を経た一九九六年、映画『ファイナル・プロジェクト』のPRで、吉本新喜劇へのジャッキー・チェンさんの出演がなぜか決定。そして、奇跡的に私の担当回がジャッキーさんの出演回と重なったことで、「香港国際警察ジャッキー刑事＝ジャッキー・チェン」が登場する新喜劇の台本を書くことになったんです。そして本番当日、ジャッキーさんの出番前には背中に手を当てて「ジャッキーGO～！」と分厚い背中を押させてもらいました。あの手の感触は今でも覚えています。本当に夢のようでした。

みなさん、憧れの対象を持ちましょう！　それが思わぬ原動力となり、夢物語が現実になることが、きっとありますよ！

相方・矢部浩之

僕の相方・矢部浩之は、高校時代のサッカー部の後輩で、僕をNSCに誘った張本人です。昔は何もできない男だったんですよ（笑）。

でも、番組を仕切る〝司会進行〟の技術に関しては、僕たちが若手の頃に所属していた若手お笑いユニット・吉本印天然素材のメンバーの中でも、一番成長したのは相方だと思います。

ナインティナインの漫才やコントのネタ作りは僕が担当していたし、ネタ合わせをしているときも、僕が相方の一挙手一投足全てに口出しをしていました。でも〝番組の司会進行〟については、僕も素人だったこともあり、口を出したことは一度もありません。

もちろん、もともと相方に司会進行の才能があったとかではないと思いますが『ぐるぐるナインティナイン』や『とぶくすり』などの番組が始まったことが、大きなきっかけだったと思います。

冠番組では、当然僕たちがメインです。僕は中心になって〝ボケるのが仕事〟なので、必然的に相方が進行をしなければならない。そのことに責任を感じただろうし、本人のモチベーションがものすごく上がっているのも伝わってきました。相方から番組の進行について相談されたことは一度もないので、見えないところですごく努力したんだと思いますよ。

今の僕と相方は、一般の人には伝わりにくい〝特殊な関係〟です。お笑いコンビの中には「コンビは夫婦みたいなもんや」なんて言う人もいますが、僕たちは夫婦でもなければ恋人でもない、ましてや家族でもない。言葉にするのはとても難しいのですが、相方がいてくれることでいい意味で〝楽〟な部分は大いにあります。

僕たちは『ナインティナインのオールナイトニッポン』というラジオ番組で、二十年間パーソナリティを務めていました。でも、現在放送中の『ナインティナイン岡村隆史のオールナイトニッポン』では、一人で進行からボケまで、全部自分で行わないとならないんですよ。それが、とにかくめんどくさい（笑）。例えば、ゲストが来ていれば呼び込みをしなければならないし、コーナーが転換するタイミングを意識するなど、考えることが増えてしまったんですよね。一人になって初めて「相方はずっとこんなめんどくさいことしてくれてたんやなあ」と、相方のありがたみを感じましたね。

テレビ番組の収録も同じ。相方が番組をスムーズに進行してくれて、僕を自由に泳がしてくれるときが一番〝楽〟で楽しい。

コンビそのものの相性は、いいと思います。昔から、僕が「こうしてほしい」とお願いをしたり、自分たちのネタで「こういうことをやりたい」と言っても、一切反対しなかったんです。なので、本人も僕に対して我慢している部分はあったと思いますが、僕の意見をいつも尊重してくれる。それは今も変わっていないですね。もしも僕と相方がどっちも前に立ちたいタイプだとしたら、お互いの長所を消し合うこともありますから、相方がバランスを取ってくれているのだと思います。

解散を考えたのは一回だけ。授業料を払えなくてＮＳＣをクビになり、俺は「もうええわ」

と、投げやりな気持ちになっていたら、「今辞めたら負け犬になる」と、相方に言われたんです。NSCに僕を誘ったぐらいだから、相方は本気で芸人になりたかったのかもしれません。

僕たちは今さら解散して、ピンになったところで何のメリットもないし、仕事のパートナーとして信頼しています。今後も僕と相方の〝特殊な関係〟は続いていくと思いますよ。

「本多の気づき」

コンビのどちらかが前に出すぎる、もしくは引きすぎる、両方が出たがりすぎるなど、技術的な部分の修正はもちろん大切ですが、数多くのコンビを見てきて、強く感じることはコンビは〝縁のもの〟だということです。

これまで、「今の組み合わせ（コンビ）がいいのに……」と思いながら見ていたコンビが解散していき、新しい相方とコンビを組むというパターンを数えきれないほど見てきましたが、生き残っていくコンビには、その相手でないと醸し出せない〝雰囲気〟があります。いや「あります」というより、「感じます」の方がふさわしいでしょうか。

言葉では説明できませんが、今現在の漫才が上手か下手か、おもしろいかおもしろくないかなどとは別の部分で「この子らは残っていく、おもしろくなる」という確信めいたものを、必ず感じます。反対にものすごく努力をしているコンビでも、〝それ〟を感じないコンビは、そのほとんどが解散していきます。

前述しましたが、ナイナイがＮＳＣを退学になった日、彼らは私の授業の終わりに退学になったことを報告しに来てくれました。

必ず売れると確信していたので、岡村くんには「絶対大丈夫。絶対に売れるから、何が何でもお笑いを続けろ」と伝え、矢部くんには「お前はくだらんことをせんと、岡村に付いていけ。それと、声が小さいから（お腹を叩きながら）腹から声を出せ」と言った場面を、今でも鮮明に覚えています。

当時の話を岡村くんに聞いて矢部くんが岡村くんをＮＳＣに誘ってくれたこと、そして引き留めてくれたことは、本当に偶然ではなく必然だったんだな、二人に縁があったんだなと感じました。

本当にコンビというのは〝縁のもの〟だと思っています。NSC在学中に解散して別の相方と組んだコンビの中で、最高の成功例となっているのは「キングコング」でしょう。

もともと「グリーングリーン」というコンビでボケ、しかもコントをやっていた西野くんと「NーNNーN丸」というコンビで、やはりボケをやっていた梶原くん。

この二人は、大豊作だったNSC大阪二十二期生でもそれぞれが飛び抜けていました。

内心「西野と梶原が組んだら絶対売れるのに」と思いながら、相方を決めるのもセンスということで、NSCでは一切口を挟まないようにしており、もどかしく思っていました。しかし、数カ月でこの二組は解散、一カ月後に「キングコング」になりましたと、事務所に報告に来たとき、そこにいた誰もが「売れる!」と思ったことでしょう。

同じ二十二期生には「スーパーマラドーナ」もいます。もともと、武智くんと田中一彦くんの二人は二〇〇三年に「マラドーナ」というコンビを組んでいましたが、一度解散を経験しています。このとき、解散報告に来てくれた武智くんに「俺は田中がええと思うけどな、縁のもんやから、しっかり相方を探して」と告げました。

その後、武智くんは違う相方と一時期コンビを組んでいましたが、ほどなく解散。マラドーナの解散からそれほど時間が経っていなかったと思いますが、田中くんを連れて「『スーパーマラドーナ』になりました」と、私のところまで報告しに来てくれたのは嬉しかった。

数えだしたらきりがありませんが、コンビは〝縁のもの〟、これは間違いありません。

ナインティナインと漫才

最近、僕らはいろいろなネタ番組で司会をさせてもらえるようになりました。すると、視聴者や周りの人から「ナインティナインは漫才せんで、なんで司会やってんねん」と、批判されることもあります。

僕が思うに「ナインティナインは、もはや漫才師ではない」ということです。僕らは漫才では勝負をしていないし、もちろん勝てるとも思っていません。そもそも、僕らが番組で任されているのは漫才ではなく〝司会〟なので、演者が漫才をしやすい空気を作ることを心がけています。

漫才師ではないナインティナインがネタ番組で漫才をすることの方が、番組に出ている芸人さんに対して失礼だと思います。

ただ、僕らは漫才で戦うことを諦めてしまいましたが、漫才という武器がある芸人さんたちに対しては、本当に羨ましいと思っているんです。

僕らがまだ漫才やコントを舞台でやっていた頃、一九九〇年代では珍しかった「です・ます調」で相方が僕にツッコむ〝敬語ツッコミ〟というジャンルを確立しつつあるタイミングがありました。あのタイミングで、敬語、丁寧語、謙譲語……と、どんどんツッコミのレパートリーを広げられたんだろうけど、当時は目の前の仕事に必死で、ネタを考える余裕がなかったんですよね。

でも最近は、一本十五分くらいのネタは持っておきたいと、思い始めたんです。

そのきっかけになったのは、僕らが司会をした『ENGEIグランドスラム』というネタ番組に出ていた中川家の漫才。お客さんが笑ってる間に漫才がふわっと終わって袖に下がっていく背中を見て〝中川家が名人になってる！〟と思ったんです。二人の背中がすごくかっこよく見えて、僕も漫才をしたいなあ、と思うようになりました。

僕の中でイメージしているのは、オーソドックスでベタな漫才。二人で揃いのスーツを着て相方のことを「キミ」って呼ぶような漫才をしたいですね。

今の僕らなら、結婚している相方と結婚をしたい僕、という設定のネタで幸せと不幸せという組み合わせ。漫才でいかようにもできるんですよね。例えば、僕が「デートしてみたいなー」って言ったら、「いい歳してデートもできんのか」と、相方にツッコんでもらって、好きな子に電話してみたら全部風俗店につながるのもいい。いろいろ考えてはいますけど、現実問題として、相方と漫才をしている姿が想像できないし、ネタの作り方もおぼろげなので、ぜひ本多先生にナインティナインのネタを一本書いていただきたいな、と思っています（笑）。

「本多の気づき」

ナイナイが漫才を続けていたら、どんな漫才師になっていたのかとても興味がありますが、もし続けていたら現在のような位置にはいないんじゃないかな？

NSCに入ったばかりの頃のナイナイは、岡村くん・ツッコミ担当、矢部くん・ボケ担当でサッカー部のネタをしていたと記憶していますが、矢部くんのボケは声が小さくて弱く、対して岡村くんのツッコミは鋭く非常にキレのある動き。漫才としては、全くバランスが取れていない、本当に下手くそな漫才でした（笑）。

それでも、岡村くんの動きがあまりにキレがよかったので、彼をボケにして、矢部くんがもっと力強くツッコミができるようになれば、きっとおもしろいコンビになると確信したので、私の「逆やで」発言になったわけです。ただ、彼らは六月に退学してしまったので、ボケとツッコミが「逆」になったバージョンは、授業で見たはずですが、漫才の内容は印象にも残っていません。

それ以後、彼らを気にしてはいたものの、実際にナイナイの漫才を観る機会はほとんどありませんでしたが、聞こえてくる評判は先輩芸人やスタッフさんからの「ナイナイておもろいで、あいつらいけるで」というものが多く、安心していました。

「たら、れば」の話をしても仕方ないけれど、それぞれの器というか、それぞれに役目があると思っているので、真摯にその仕事に向き合っていれば、おのずと着地点は決まってくるんじゃないでしょうか。

そもそも、「おもろい漫才」ってどんな漫才でしょう？　それぞれのコンビにファンがいるように、受け取る側の気持ちで全く違う評価をされてしまいます。

私がプロとして観る視点は、しっかり声が出ていて、お客さんに伝えられる言葉を持っていることを大前提とした上で、ボケ・ツッコミは、二人共がおもしろい個性を持っていること。二人にしかない、出せないほんとに微妙な「間合い」を持っていること。そして、これは私だけが感じることかもしれませんが、二人が醸し出す「雰囲気」「オーラ」です。

そこに、聞いている人がネタのテーマ・内容に「違和感」を持たないネタ運びができているかどうかでしょう。

これが揃わないと、なかなかおもしろいとは思ってもらえないのではないでしょうか。そういう意味で、中川家、海原やすよ ともこ、博多華丸・大吉、ブラックマヨネーズ、フットボールアワー、チュートリアル、千鳥、ナイツ、サンドウィッチマン、NON STYLE、時事ネタ漫才に舵を切った、ウーマンラッシュアワー等、数え上げればキリがありませんが、彼らが多くの方から支持されているのもうなずけます。若手の中では和牛やミキ、二〇一八年M-1グランプリで優勝した霜降り明星ら、多くの精鋭たちがぐんぐん追い上げてきています。

特筆すべきは、夢路いとし・喜味こいし師匠のお二人。

特別強い個性があるわけでもないお二人が、コンビ名の名乗りや挨拶をされることもなく、センターマイクの前で軽く会釈をし、いきなりネタに入り、一分と経たないうちに、客席との間に三角形を作りだしていらっしゃったのは見事でした。

岡村くんから依頼のあったナイナイの十五分漫才引き受けました！　必ず納得してもらえるものを書かせてもらいます!!

岡村隆史あとがき――やりきった『めちゃイケ』

この本を作っている間に『めちゃイケ』が最終回を迎えました。『めちゃイケ』が終わってから数カ月が経ちましたが、いわゆる「めちゃイケロス」は感じていなくて、毎週火曜と水曜にあった収録がなくなって、旅行に趣味に遊び呆けてます。

僕自身、『めちゃイケ』が終わる前まで「始まりがあれば、いずれ終わるだろう」くらいに思ってたんです。番組は勝手に終わっていくもの、というイメージでした。

でも、いざ〝終わり〟を告げられたときには「ああ、『めちゃイケ』も終わるんやな」と、ただただ普通に驚いたのは覚えています。それと同時に、潔く「わかりました」と答えました。何より、番組でやり残したことがないんですよ。めちゃイケメンバーの中で一番、いろいろなことをさせてもらえたし、そのぶん背負うものは大きかったけど「やりきった」というのが本音です。

最後に向けて意識したのは『めちゃイケ』おもしろかったよね」と言ってもらえるような番組にしたい、ということだけでしたね。とにかく「やったるぞ！」という気持ちで臨みました。昔のようなギラギラした気持ちが戻ってきたぶん、すごく楽しかったです。

そんな半年間を経てからの最終回。僕自身も驚いたのが〝岡村隆史の涙〟ですよ。番組の最後に、メンバー一人ひとりがマイクの前で自分の想いを話すという構成になっていて、僕は総合演出の片岡飛鳥さんに「ふざけていいですよね？　笑いで終わりますわ」と伝えてたんです。メンバーの加藤浩次とも「何話すー？」「何も決めてない！出たとこ勝負や」なんて言い合っていたくらい、深く考えていませんでした。

『めちゃイケ』らしく最後まで笑いでと思いながらマイクの前に立ってしゃべっているうちに、号泣してしまいまして。泣きながら「こんな感情になんねんや」って、すごく不思議でしたね。こんなに泣くなら「ふざけていいっすか?」なんて、イキらんかったらよかった、と、かなり後悔しました(笑)。やっぱり、全てにおいていろいろなことを叩き込まれた番組だったし、自分の全てを捧げてきた番組だったからこそ、涙が出たんだろう、と今になって思います。ただ、YouTubeにあの動画がずっと残るのは正直イヤやなあ、と(笑)。

ある人に「『めちゃイケ』は、裏番組と戦ってきた番組ではなくて、お笑いをやっていくためにPTAやコンプライアンスだったり、ネットなどいろいろなところと戦ってきた稀有《けう》な番組。でも、これ以上続けていたら誰にも何も言われない〝普通のバラエティ番組〟になっていたと思う。『めちゃイケ』はいろいろなところと戦いながら、頑張ってきた番組やな」と言っていただいたんです。それがすごく嬉しかった。時代に合わせて抜け道を探して番組を続けていたら、誰にも注目されることなく終わっていたかもしれないですよね。

今のテレビの状況から考えても『めちゃイケ』は、大掛かりなセットをバーンと組んで、ゲームをしたり好き放題できた、週2日長時間かけて収録する最後のバラエティ番組だと思います。『めちゃイケ』は、僕の中でも大きな財産になってるし、お笑いの教科書というものがあるとしたら『オレたちひょうきん族』や『8時だョ!全員集合』などの番組と並んで『めちゃ×2イケてるッ!』という名前も、載るのではないか。それだけのことを、バラエティ番組としてやれたことに、僕個人としては感謝しています。

「『めちゃイケ』が終わった今、次はどんなステージに進むんですか?」と、いろいろな人に聞かれるのですが、正直、自分でも何をするべきかわからないんです。もはや流れのままに、というのが本音。もちろん、ずっと〝『めちゃイケ』の岡村隆史像〟を引きずるわけにはいかないので、少しずつめちゃイケ色を薄めていく必要はあると思っています。

ただ一つ、「これからもテレビに出続けたい」という意志ははっきりしています。何より、僕は幼い頃からテレビが好き。極端な話をすれば、NSCに入って漫才をしたのも、根底にはテレビに出たいという気持ちがあったからなのかもしれません。これからはどんどんネットの時代になっていくことはわかってるんですけど、僕はやっぱりテレビに出たい！（笑）再生回数よりも……。生粋のテレビっ子なんです。

『めちゃイケ』のおかげで、岡村隆史を全国の人に知ってもらえて、可愛がってもらえた。そんな人達にまた可愛がってもらえるような番組を作れたらなあと思っています。

本多正識
あとがき

最後に……

本書の企画は「生きている間にNSC講師として、最初に発見したスターの原石、岡村くんの話をゆっくり聞いてみたい」という、私のわがままから始まりました。

「生きている間に」というのはただの比喩ではありません。二〇一二年に脳梗塞を発症し、いつまた再発するかわからない状況で、もしも再発をしてしまったら、もう今の仕事は続けられないと思っているためです。

本書は当初、二〇一七年の秋に出版される予定でした。しかし、五回目の対談を終えた直後に『めちゃイケ』が終了することが決まってしまったのです。出版のタイミングとしても、この話を入れずに発売するわけにはいかないだろうということで、今回まで延びに延びてしまいましたが、『めちゃイケ』の終了を知らない時期の岡村くんと、番組が終了した後の岡村くんに話が聞けたことは、とてもラッキーだったと今は思っています。もしかしたら、必然の出版延期だったのかもしれません。

ちなみに、今回の対談相手を岡村くんにお願いしたのには理由があります。ナイナイがNSC大阪九期生で入学してきた一九九〇年から講師をさせてもらって丸二十八年。二〇一九年で二十九年目になりますが、未だに岡村くんを超えるインパクトを持った生徒に出会っていません。最初の授業に彼がいなければ、今の今まで講師を続けていなかったと思うので、岡村くんは私にとっても恩人です。

本多正識という名前に付随して「ナインティナインを育てた」とよく言われますが、私はただただ彼らを「発見」しただけ。のちの成功は全て、二人の努力とこれまで出会った多くのスタッフのみなさんの助けによるものです。

ただ一つ確かなのは、私がナインティナイン岡村隆史・矢部浩之の「ファン一号」であるということ。のちのスターのファン一号になれるというのは、NSC講師の特権でしょう。

しかし、原石として発見はしたけれど、その後、一緒に仕事をする機会はほとんどなく、ファン一号でありながら「岡村隆史」は、私にとって近いようで遠い存在でした。しかし今回、岡村くんとの六回の対談を経て、延べ十五時間近くも話をすることができたことで、「NSC講師」としての原点に戻れたように思います。そして、再確認できたことがもう一つ。

やっぱり岡村くんは、いろいろな意味で「おもろい子」でした！

そして、読者のみなさんにとっては当たり前のことですが、テレビで活躍している岡村くんの姿からは窺い知ることができない悩みや苦しみ、葛藤を本書で垣間見ることで、岡村くんをほんの少しでも知っていただけたかと思います。

どうぞみなさん、これからも画面の中にいて、安心感を与えてくれる「岡村隆史」を優しく、厳しく見守ってやってください。

私のわがままな企画立案に協力していただいた鉄人社の平林さん、それを引き継いで実現してくださった、ヨシモトブックスの松野さん、編集者の岡崎さん、その他の大勢のスタッフのみなさん、本当にお世話になりました。ありがとうございました！

私自身、天職だと思っている漫才台本の創作とNSCでの講師活動。卒業していった若手の指導は、体力と頭が続く限り、これからも続けていきたいと思っています。

そして興味を持ってくれた君、ぜひ一度NSCの門を叩いてみてください！

対談

NSC講師 本多正識×ナインティナイン 岡村隆史

私のNSC講師としての原点でもある、ナインティナインとの出会い。いつか岡村くんと、二人で真剣に〝お笑い〟や〝人生〟について話がしたい、という一心で対談をお願いしました。お楽しみください。

お互いの原点について

本多正識（以下、本多）僕も岡村くんと同じNSC大阪の九期から講師になったから、九期生は僕の講師人生の原点でもある。今日は岡村くんにとっての〝お笑いとは何か〟や〝人生の原点〟はどこにあるのかを聞きたいと思っていて。

岡村隆史（以下、岡村）僕の原点もNSCですね。そもそも、相方にNSCに誘われなければお笑いの世界にはいなかったと思います。言ってしまえば、お笑い芸人になろうと思ったことは一度もないんですよね。目の前の仕事を全力でこなしていたら今の位置にいた、というのが正直なところですね。
本多　ナイナイ（ナインティナイン）が出てきた時代は、ちょうど若手芸人が少なかった時期だったり、それ以外にもさまざまな巡り合わせがあって、今があるという感じなのかな？
岡村　そうですね。おもしろければ売れるという世界でもないから、一緒に番組を作ってくれるスタッフさんとの出会いやら、タイミングやら、全部まとめて僕たちの〝運のよさ〟でここまで来た、と僕と相方は思ってます。とにかく「運も実力のうち」と思いつつ、与えられた仕事を一生懸命やってきたことは確かです。
本多　確かに「運も実力のうち」やけど、その〝運〟におごることなく精進してきた場所に、今のナイナイがいるんやろな。

ターゲットの絞り方

本多　仲間と一緒に番組作りをしていく上で、視聴者のターゲットを絞ってやっていこう、という話をすることはある？　例えば、場数を踏んだ芸人ならば、劇場の仕事の場合はその日の客層を見て、リアクションを肌で感じた上で同じネタでも変化をつけたり、途中でネタを変えたりもできるけれど、テレビの場合は時間帯や生放送か収録か、など条件によってターゲットも変わると思うんやけど。
岡村　いやいや、ターゲットを絞ったことはないですよ。特に、スタッフさんと演者がみんな一緒になって作っていた、コント番組の『とぶくすり』

が始まったときは、ターゲットも何もなかったです。

本多　そうなんや！　僕がテレビ番組に構成者として関わるときは、本番までに何度も会議や打ち合わせをして、とにかく「初めて観る視聴者にも、わかりやすい番組を作る」ということを、一番に意識してるんやけど『とぶくすり』は、どんなふうに作っていったの？

岡村　まず、スタッフさんに「どんなことをしたいんだ？」と聞かれたので、僕は正直に「ダウンタウンさんの『夢で逢えたら』みたいなコント番組がやりたい」と答えました。ただ、ターゲットというわけではないけど「（テレビ番組の批評をしていた）ナンシー関さんが『とぶくすり』のことを書いてくれたら嬉しいよなー」って、話していたのは、よう覚えてます。

本多　ターゲットはナンシー関さんだけやったんや（笑）？

岡村　なんでもええから、ナンシー関さんに引っかかってほしいって。実際に書いてもらえたときは、嬉しかったですね。『とぶくすり』に関わっていたのは、演出もカメラマンも、初めて番組チーフを任された人とか、全員が若手。深夜二時すぎの番組で、有名な人は誰も出ていない番組で、視聴者に目を留めてもらうにはどうすればいいか、ということばかりを考えていました。それと同時に全員が同じ方向を向いていたので、一体感がありましたね。

本多　深夜だからこそ挑戦できたし、みんなが若手なのでチームワークも生まれたんやな。でも、そのスタイルでは、ゴールデンの枠に進出したら、さすがに「好きな人だけ」に向けた番組作りは難しくなるよな？

岡村　そうですね。ゴールデンの番組をやることになって初めて、どれだけ多くの人に観てもらえるか、という部分まで考えなければならなくなりました。深夜二時すぎに放送されていた『とぶくすり』が、少し放送時間が早くなって夜十一時三十分の『めちゃ×2モテたいッ！』、さらに土曜の夜八時に『めちゃ×2イケてるッ！』と、階段を登っていきましたから。作っているメンバーが同じでも、観ている人が代わるっていう状況に慣れるのには、時間がかかりましたね。

お笑いの〝言葉選び〟について

本多　最近、若手芸人や、NSCの子たちの中には「死ね」や「殺すぞ！」というツッコミを使う子が増えてきているように感じてて、その都度「ツッコミがキツすぎる。不快感を持つお客さんもいると思うから、違う言葉を考えてみて」と極力避けるように言ってる。特に、劇場の場合は、観にきているお客さんにとって初めての生の漫才だったり、人生で最後に観るコントかもしれないと思うと、一瞬でも不快な思いをしてほしくないねん。岡村くんは、言葉を選ぶときに気をつけていることはある？

岡村　テレビでキツすぎる言葉を使うとオンエア

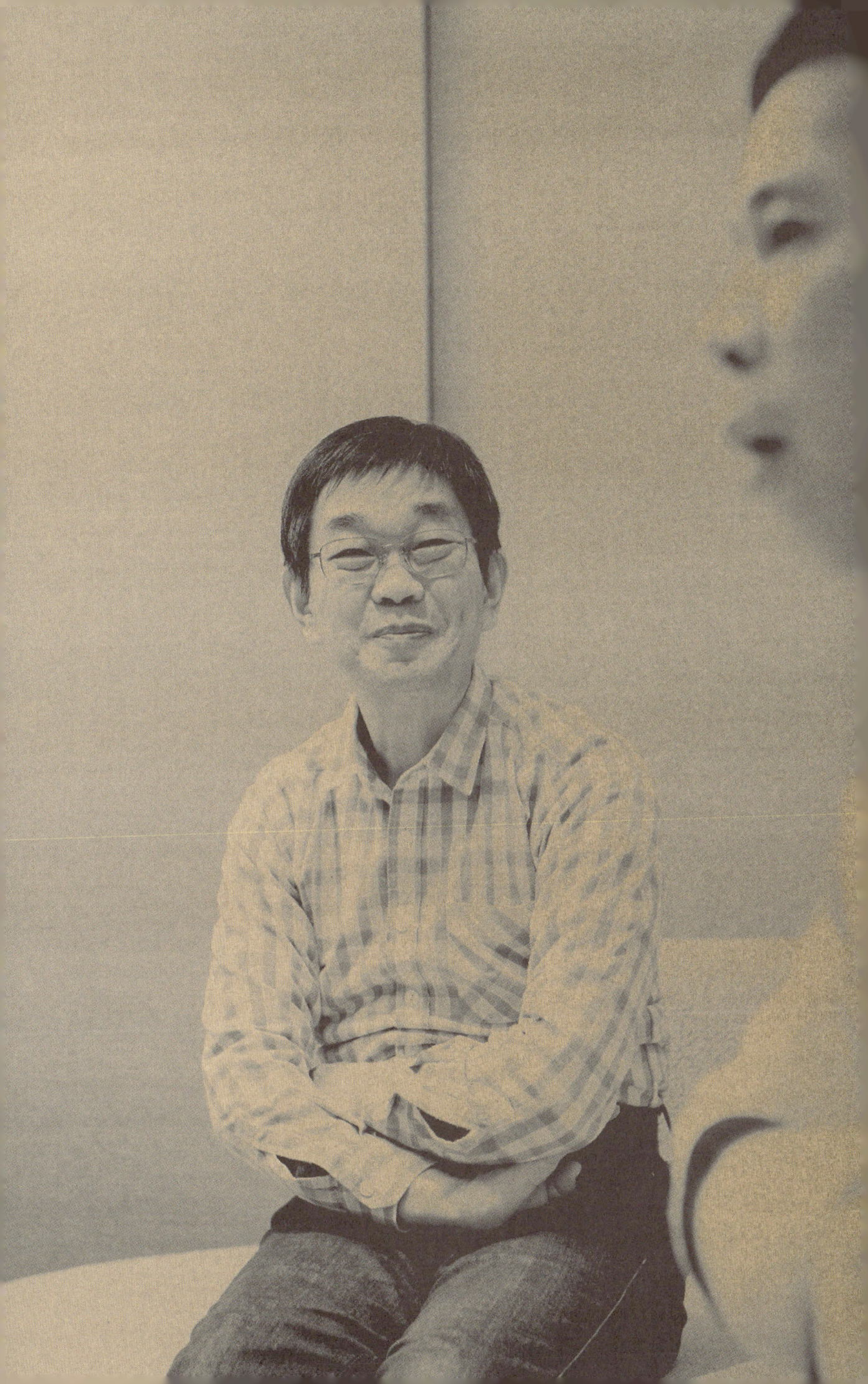

されなかったり、ラジオはもっと厳しいので〝使えない言葉〟がたくさんあります。そういう意味で言えば、劇場よりも言葉選びは難しいですね。昔よりも、特に厳しくなっているし……。

本多　最近はどこもかしこもうるさいよな。すぐに炎上するし。岡村くんのラジオの発言が、ネットニュースで話題になることがあるやん。あれは、どう思ってるの？

岡村　うーん、めんどくさいなあと思ってます。テレビでは、あまり尖《とが》ったことは言わないようにしているんですけど、ラジオは〝自分が思っていること〟を言わなければ意味がないんですよね。でも、ネットニュースになるのは二時間のうちの一瞬だけ。ニュースの見出しだけ見ると、エラいこと言ってるわ〜ってなるんですけど、原稿を書いている側の悪意を感じさせる文章になってるんですよね。

本多　確かに「岡村が○○に苦言！」とか「ラジオで○○を擁護した岡村」って、見出しのニュースが多いよな。

岡村　そろそろネット記事を読んでいる人たちも、全体の一部の発言だけ切り取られていることに気づいてるんちゃうかな、とは思いますけどね。とはいえ、こちらもわざとネットニュースに引っかかるように仕掛けている部分もあるので、持ちつ持たれつですね。

本多　岡村くんは、やっぱり大局を見てるよな。

岡村　仕方ないんですよ。多分、ニュースを書く側も、僕のラジオやテレビを決め打ちで視聴して、すぐに記事を書いているだろうし。

本多　周囲の反応といえば、岡村くんは二〇一一年に『FNS27時間テレビ』で司会を務めたとき、殺害予告を受けたことがあったよね？

岡村　はい。僕への殺害を予告したメールが東京都の港区役所に届いたんですよ。二〇一一年の『27時間テレビ』は外でのマラソン企画もあったので、生放送の終わりに殺害予告のことを聞いたときは、さすがに血の気が引きましたね。犯人はすぐに捕まったんですけど、その人が主張していたのは「ビッグ3以外の笑いは認めない。岡村隆史が27時間テレビのメインMCになるのは断固反対。ビッグ3がやるはずの仕事だ」みたいなことだったようです。

本多　僕らにとっては支離滅裂やけど、犯人の中では理屈が通っているんやろな。昔ならば、その手の批判が書かれた手紙にカミソリが入っていた、なんてこともあったけど、今はインターネットで拡散されてしまうから。

岡村　特にネットの掲示板やSNSには、自分にとってネガティブな情報が多すぎるので、一切見てません。悪口が書かれていない芸能人なんて一人もいないと思いますよ。

本多　前に、桂ざこば師匠がネットに書かれた悪口を見てはって、まじめな方やからごっつ落ち込んではった。あんまり落ち込んではったから、後輩に当たる桂南光さんが「ざこば兄さん、あんなん見たらアカン」って言ってはったね。

岡村　そういう時代ですよね。何をどう頑張っても「おもしろくない」と言う人はおるから。今は〝少しでも多くの人に可愛がってもらえるように〟

というのが、僕のホンネです。実は、明石家さんまさんが、よく「こんだけ長い間可愛がってもろて」って言わはるんですよ。それが、すごくいい言葉だなと思ってパクらせてもらってます（笑）。もう、デビューから二十八年もの間、世の中の人やスタッフさんに可愛がってもらって、今日までやってこられたので、本当にありがたいですよね。

一番影響を受けた人

本多　僕には、師匠がおらへんやんか。それでも、ラジオの投稿から始まった作家の仕事は、三十五年近くになった。その間に、たくさんの方からいろいろなことを教えていただいたから、仕事を続けられていて関わった人みんなに感謝の気持ちでいっぱい。その中でも、〝笑いのいろは〟を教えてもらったのは、オール阪神・巨人さんだと思ってるんやけど、岡村くんは一番影響を受けた人は誰なん？

岡村　影響を受けた、という意味ではとんねるずさんですね。ホンマに駆け出しの頃は、若気の至りで勝手に〝西のとんねるず〟のイメージでやっていけたらなあ、と思ってました。実際に仕事をするようになると、明石家さんまさんやタモリさん、ビートたけしさんに志村けんさんと、挙げたらキリがないくらい、いろいろな人から学ばせていただいてるんですよね。

本多　第一線で活躍している人たちは、ホンマにお手本になるよな。しかも、岡村くんにとっては自分が、一視聴者として観ていたテレビの人たちと仕事ができる、というのは、夢みたいな気分やろな。

岡村　そうなんですよ。僕たちは、早くからテレビに出させてもらえたから、子どもの頃からスターだった人たちと、仕事でどんどん絡ませていただけている。スターの休憩中の姿なんて、テレビでは絶対に観られないですからね。

本多　一緒に仕事をした人の中で、芸能界に入る前と後ではイメージが全く変わった、という人はいはる？

岡村　タモリさんはテレビで観るのとは、全く違う印象を持ちましたね。裏では寡黙、というわけではないんですけど、僕たちが『笑っていいとも！』のレギュラーだったときには、失礼なこともしたはずなのに、一度も怒られたことがないんです。

本多　タモリさんに言われた言葉で印象に残っている言葉とかある？

岡村　よく覚えているのは「俺は反省しない。反省したって意味がない」という言葉ですね。それを聞いたときは、シビレました。他にも、僕が二十四歳くらいのときに「そんな若いときから、こんな仕事してどうするの？　これから先長いよ～」と言われたのも忘れられません（笑）。タモリさんがまとっている、独特な空気を肌で感じられたのは、この仕事のおかげですね。

本多　僕はタモリさんと一緒に仕事をしたことはないけど、出演されている番組を観ていると、本当に〝流れのまま〟に進行してはるよね。もちろん、タモリさんの中には計算している部分もあるだろうけれど、Aという回答が来るだろうと予想

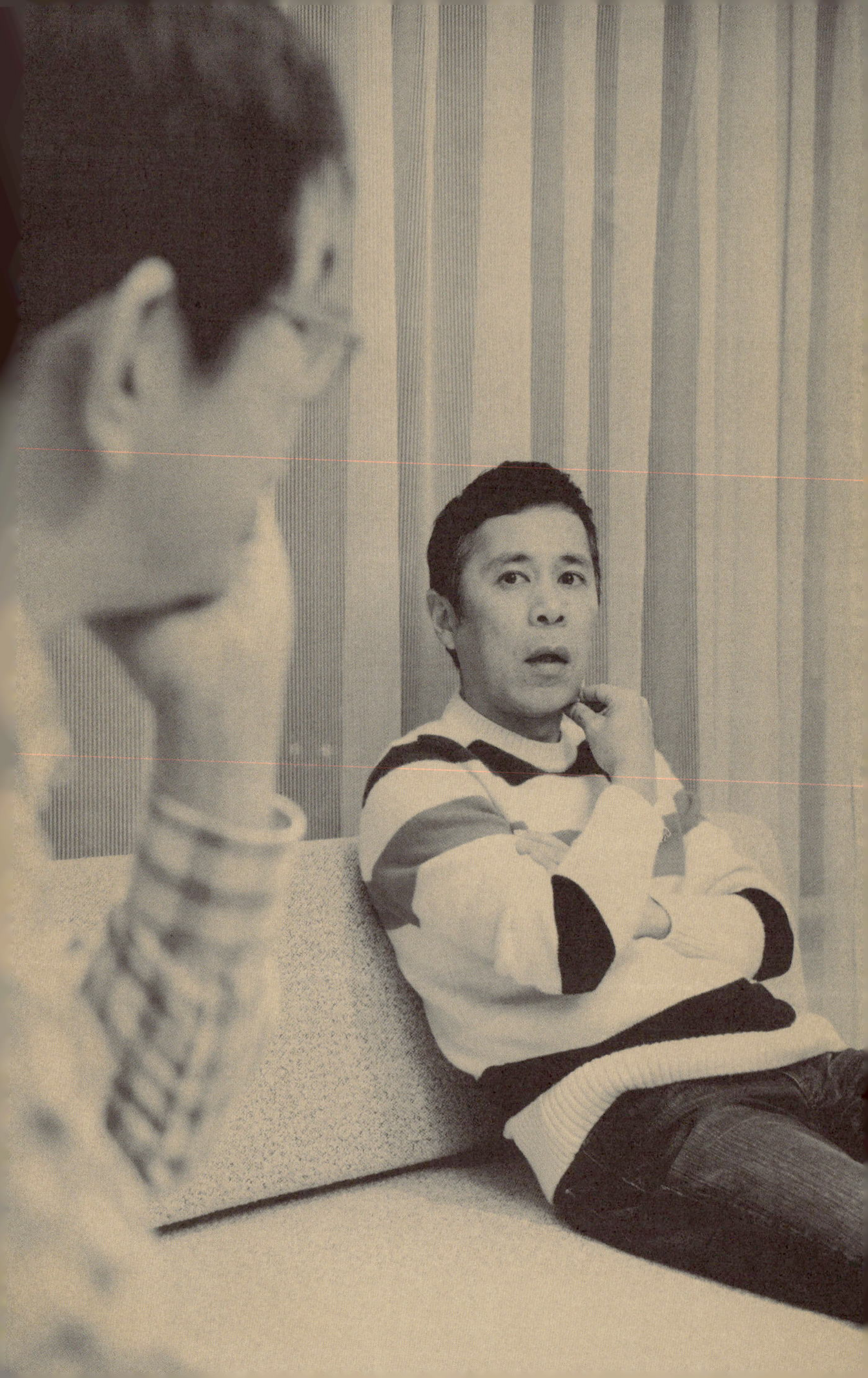

していて、それを裏切られてBという回答が来ても、それをそのままうまく受け止める。タモリさんの所作からは、度量の大きさと知識の豊富さを感じるよね。

芸人としての立ち位置について

本多　僕は、脳梗塞で倒れて以降、人生の砂時計も残り少なくなってきたことを感じてる。それもあって、一本でも多く漫才やコント、新喜劇の台本……、何でも書きたいと思ってるし、NSCだけでなく作家やスタッフたちを養成する「NSCビジネスコース（YCCより二〇一九年から名称変更）」で、今まで学んだことを若い世代に還元すべき立場にあると考えてる。僕は裏方やけど、岡村くんは自分の〝立ち位置〟についてはどう思っているの？

岡村　お笑いの世界に入ったときは、こんな状況になるとは思ってなかったし、気がついたときには今の位置にいた、という感覚の方が大きいですね。それこそ「とんねるずさんみたいになりたい」とか「志村けんさんと一緒に仕事がしたい」とか、いろいろな〝欲〟があって、それを一つひとつ叶えていっているので、十分幸せ。でも、人間は欲深い生き物なので、今でも「飛び級してお笑いのトップ集団に入れないかな」と思うことはあります。

本多　僕は、岡村くんはトップ集団におると思うで。

岡村　いやあ、自分の中ではまだまだ、その域には達してないんですよ。そもそも、〝お笑いのトップ集団〟がどこを指すのか、わからないのがこの世界のおもしろいところ。もちろん、タモリさん、ビートたけしさん、明石家さんまさんというビッグ3という指標があるけど、その他にも（笑福亭）鶴瓶師匠や志村けんさん、ダウンタウンさんにウッチャンナンチャンさん……すごい人はたくさんいはるじゃないですか。そういうカテゴリーに、一段登りたいと思っています。

本多　確かに、満足はせなアカンと思うし、満足してる方が次にステップアップできるからな。成功体験を積み重ねて、やっと先に進める。不満ばかり言う人は、やっぱり魅力がないよ。岡村くんが言う〝上にいきたい〟というのは、お笑いで？

岡村　いろいろなことに興味はあるんですけど、本を書いたり、映画を撮ったりもしないだろうし、やっぱりお笑いが一番好きなんですよね。それでいて、一度も百点満点を取ったことがない。「今日はいい仕事できたわ～」という日があっても、パーフェクトにはなっていない。多分、自己評価で百点出せるのはさんまさんくらいやないかな（笑）。そういう部分も含めて、お笑いはおもしろいし、ここまで続けてこられた原動力だと思います。

テレビのコンプライアンスについて

本多　極楽とんぼの山本圭壱くんが『めちゃ×2イケてるッ！』で復帰したやんか。視聴者としては、やっぱり戻ってきたか、という印象なんやけど、実際はどうなの？

岡村　いえ、やっぱり今は厳しい時代なので、完全に戻ってこられたというわけではないんですよね。これから、山本さんがどんな活動をしていくべきなのかは本人次第。ただ、山本さんはちょっとアホな部分もありますけど、一つよかったと思うのは、加藤浩次が横にいたことでしょうね。

本多　ホンマ、そうやな。

岡村　今の時代に、完全に復帰するのは難しいですが、極楽とんぼとして加藤浩次と一緒にやっていくしかない。視聴者や同業のみなさんがどう思うかわからないですけど、一度不祥事を起こしても、山本さんは仲間なので縁を切るわけにはいかない。彼が一生懸命頑張りたいと思っているのであれば、力になりたいと思っています。

本多　考え方はいろいろやからなあ。僕は、この世界に入ったからには、公務員や教師以上に〝聖人君子〟でなければ、生き残ることができないと思ってる。もし、三十年前のお笑い芸人さんと同じような素行の悪い生活をしていたら、今の時代は芸以外のことで潰されてしまう。

岡村　それはおっしゃる通りですね。

本多　そういう意味では、住みにくい世の中ではあるけど、この時代にお笑い芸人を目指すなら、余計に清廉潔白でないといけないようになってるよな。

岡村　きっと、横山やすし師匠のような、突き抜けた人は今後出てこないでしょうね。それこそ、現代のテレビ業界では、ビッグ3になれる人もいないし、なることができない。ビッグ3を超える伝説を打ち立てる場所も、人もいないんですよね。

本多　まじめにやれって言われるのに、その範囲の中でおもしろいことをやれ、と言われる。今の芸人やテレビ番組にとっては厳しい時代やな。

岡村　そうそう。会社に芸人一同が集められて、コンプライアンスの説明を受けるとか、こういう行動は慎め、と指導されながら仕事では不まじめなことをする。ややこしいです。

本多　今は、お笑いの世界に飛び込まずにいる方が、よっぽど自由に生きられるよなあ。

岡村　ホンマにそう思います。笑いに対して誰よりもまじめに「どうしたらみんなが笑ってくれるんやろ」と考えているのに、僕らがやっていることを観た人に「不まじめや」と批判される。『めちゃイケ』なんて〝子どもに観せたくない番組〟とまで言われて……。僕たちは真剣に作ってるんですけどね。

本多　規制がある中で最善のおもしろいことをしろ、というのが今のバラエティ番組に求められていることなんや。

岡村　やり方はあるのかもしれないですけど、難しいです。特に『めちゃイケ』は、いろいろなコーナーが終わっていますからね。例えば、三文字のしりとりを七人で行う「七人のしりとり侍」は、罰ゲームの袋叩きがいじめを助長するというクレームが入って打ち切りになりました。でも、僕たちは「ホンマにいじめられている子が、学校では笑われへんけど、しりとり侍を観て笑ってくれたらええな」と真剣に思ってやっていたんです。

本多　どうしても、批判の声は少数でも大きくなってしまうから、そちらに従うしかない。テレビでできることは、どんどん狭くなってしまっている。構造的にも、ビッグ3を超えるのは難しくなってるんやな。

岡村　このままではアカンのは、わかってるんです。でも、昔のテレビ業界の話を聞くと、どれも規格外。僕たちは、若い子たちに「昔はすごかったんやで」と伝える側に回るしかないのかもしれませんね。

これからどんな〝笑い〟を作っていくか

本多　僕が理想としている笑いは『サザエさん』。時代が変わっても、老若男女年齢を問わず、安心して楽しめるものを作りたい、という気持ちがあるんやけど、岡村くんが作っていきたい、理想の〝笑い〟はある？

岡村　自分から「こんな笑いがしたい」というのはないのですが、本多先生が言うような〝安心して観ていられる人〟になりたいと思っています。それこそ、ビッグ3しかり、（笑福亭）鶴瓶さんしかり、そういう方が出ているテレビ番組には、安心感がありますよね。

本多　確かに、観ているとホッとする存在やな。

岡村　どんな番組をやっていようが、安心感がある人ですね。ミュージシャンや役者さんと絡んでいても、常に笑いがあって、その中心にいるのが理想です。たまたまつけたテレビに僕が映っていて、気がついたら観ている人たちが笑顔になっているという人になりたいんですよ。僕がその域に達するには、まだ説得力に欠ける部分がありますね。

本多　理想の人物像は、昔から描いていたの？

岡村　いやいや、昔は「俺らの笑いをわかってくれる人がいればいい」とか「ワーキャー言いやがって」とか、少々尖っていた時期がありましたから。

そう思えたのは、ゴールデンの冠番組をいただいてからです。子どもからお年寄りまで、幅広い年代の人がテレビをつけて、僕たちを観てくれる、という状況になって初めて「みなさんに可愛がってもらわないと」と思えるようになったんです。

本多　テレビで活躍する人の中には〝毒舌〟がウリの人も多いけど、そういう人たちとは対極に位置する存在になりたい、ということかな？

岡村　毒づいていても、第一線にいはる人はちゃんと自分に求められていることを理解しているし、ただ毒を吐いているわけじゃないんですよね。最後にはフォローをしてくれたり、ニコッと可愛い笑顔を見せてマイルドにしてくれている。人の本質を突く知的な部分と、可愛らしさを持っていることで毒舌キャラは成立しているので、やっぱり安心感があるんです。〝可愛がられる〟という意味では、僕が目指しているポジションと近いのかもしれませんね。

本多　やっぱり最後は人間性やな……。

岡村隆史の素顔に迫る10の質問

ここまで、仕事や人生、プライベートに至るまで、芸人・岡村隆史を構成するものや人、経験について語り尽くしてもらいました。そして、最後に彼に尋ねたのは、好きな言葉やうんざりすることなど、極めてシンプルながら本質を突く10の質問。この問いから垣間見える、岡村くんの意外な素顔に迫ります。

1 好きな言葉

好きな言葉。難しいなあ。うーん……やっぱり、〝笑顔〟かな。〝笑う〟ってとても好きですね。その他だと〝ぼちぼち〟も、好きな言葉かもしれない。二十代の頃は〝必死〟。とにかく〝必死〟に、心にたすきをかけて死にもの狂いで頑張ろうって思っていて。好きな言葉は？　と聞かれたら、〝必死〟って答えていました。でもまあいい歳して、そうも言ってられなくなりましたね。休んだ経験があるから、いろいろな人がちょっとメンタル的にしんどくなったって相談してくれるんですけど「全部ぼちぼち、ゆっくりでええねん」って、そんなふうに言っています。

2　嫌いな言葉

嫌いな言葉は〝頑張る〟。体調崩したときに、もういろいろ嫌いになりました。頑張るっていう言葉は極力使わないで〝張りきる〟に変えました。頑張る、頑張れ、ってすごく無責任というか、人を追いつめる言葉だなと思ってます。休養が明けてからも、いろいろな人から「頑張ってね」って言われるんですけど、実はその言葉があんまり好きではないですね。

3 気持ちを高揚させるものは

高揚させるもの……。周りの人から見たら全然テンションが上がってるように見えないと思うんですけど、やっぱりダイビングをしているときですね。ダイビングすると水の中に入った瞬間から、雑音が一切聞こえなくなるんです。自分の呼吸の音と、水の音だけ。近くを走っているモーターボートの音すらもうるさく感じるぐらい、本当に静か。ダイビングのとき、マスクをして、バーンって海に飛び込んだ瞬間に、体の中から何かが湧き上がってくる感じ。静かーに潜っていきますけど、僕の中ではすごく上がってる瞬間ですね。

4 うんざりすることは

結婚はどうするの、と言われることかな。でも、うんざりするほどでもないかなあ……。正直、今はうんざりすることって、あんまりないんですよ。早く結婚しなさいよって言われることも結構あるんですけど、でもこれって自分だけの問題じゃないですよね。早くいい人もらいなさいって言われても、自分一人でどうにかできる話じゃないしなあって思ってしまう。俺だけでは頑張ってもどうにもならないし、無理することでもないし、そない結婚、結婚言われても、ねえ？

5 好きな音

ダイビングのときの無音が好きって言ったので、矛盾してしまいますけど、クラブのＤＪみたいなこともやってるんですよ（笑）。もともとダンスをやっていた、という経験もあるので大きい音そのものは嫌いじゃないです。でも、最近特に好きな音は……クラシック（笑）。クラシックのことは、何も知らないんですけど、復帰してから、家の窓を必ず開けるようになりました。昔は部屋のカーテンは閉めっぱなしで、窓を開けることもなかったけど、今は毎朝窓を開けて空気の入れ替えをしています。寝室の窓を開けて網戸を閉めて、リビングの窓を開けて、というのを必ずやってるんです。最近は、窓を開けて天気のよさを気にするようになりましたね。まあ、ジジィになってきたからそういう行動を取るようになったのかも（笑）。朝に窓を開けるときのＢＧＭとして、クラシックをかけるのがしっくりくる。クラシックのこと、何もわかんないですけど、とりあえずショパンの曲をかけてます。

6 嫌いな音

嫌いな音。うーん、ドアの音ですかね、バターンって閉める音。昔から、あんまり好きじゃないんですよ。車のドアを必要以上に勢いよく閉める人とか、ドアを閉めるときの加減がわからない人。特に女性に多いんですけど、僕が一番嫌いな音なんですよ。パタンってやれば、ドアは勝手に閉まりますからね。そもそも〝加減〟がわからない人が嫌いなのかもわかんないです。自分のパーソナルエリアにいきなり、ずんずん入ってくる人もすごく苦手。その人自身は、悪気はないだろうし、どの人に対してもそう接しているんでしょうけど、距離感が近い人は、警戒してしまいますね。でも、大阪人の距離の近さは平気（笑）。大阪では、道を歩いてるだけで、いきなりおばちゃんに腕をガチッて掴まれますからね。「あんたー！」「大丈夫なんー！」って（笑）。それはねえ、全然イヤじゃないんですよ。

7 好きな悪態

「ちいさ！」って言われるのは、好きです。座っていようが、立っていようが「ちいさっ！」って、いきなり言ってくる人とかいるんですよ。自分が小さいことなんかわかってるし、その小ささでごはん食べてますし「もっと言うてー」って感じですね。「チビ」とか言われるのも、別に何とも思わないです。好き、とまではいかないけど、何とも思わないです。

8 今の職業以外でやってみたい職業

国家公務員かなあ（笑）。僕、お正月に実家に帰って、同級生で会ってもみんなが話している会話の内容がわかんないんです。特に仕事のこと。「○○に勤めてる～」とか言うけど、それが何の仕事なのか、どんな職業なのか、全くわからん。どこそこの営業やー、言うても、営業ってどういうことをするの？　って感じ。普通の人たちと仕事の話が全くできない。それが寂しいので、国家公務員になってみんなと仕事の話で盛り上がりたい。

9 絶対にやりたくない職業

なんやろうなー。スポーツ選手かなあ。なんか自分の性格上、追い込みすぎるところがあるから、かなりしんどいと思う。ストイックにやりすぎて、メンタルが破綻するなと。もしケガでもしたら「なんでやねん、こんだけやってんのに！」って、自暴自棄になりそうじゃないですか。自分を追い込んだのに結果が伴わなかったり、長い間芽が出てこなかったりする可能性もある。スポーツ選手はホンマにすごい仕事やなあと思います。

10 天国に着いたとき、神様になんと言われたいか

僕、神様なんかいない……って思ってしまっていた時期もあるからなあ（笑）。でも、神様が選んでくれはったこともある。うーん、天国に着いたときは、やっぱり神様には褒めてほしいなあ。「よう頑張ったね」と。最後はそれで十分。頑張った、頑張るっていう言葉は嫌いやけど、最後の最後によく頑張ったって言ってもらえたら、ありがとうございましたって言えるかも。最後やし、それ言われたらオールオッケーかもしれないです。

素顔の岡村隆史

二〇一九年一月十七日　初版発行

著者　本多正識
発行人　藤原 寛
編集人　松野浩之
編集　立原亜矢子
編集協力　田中秀樹／鍛冶翔太／深野守宏／新井治／太田青里
ライター　岡崎雅史／大貫未来（清談社）
デザイン　山崎健太郎／中野 潤（NO DESIGN）
カメラマン　石垣星児（BLOCKBUSTER）
営業　島津友彦（ワニブックス）

発行　ヨシモトブックス
〒一六〇-〇〇二二　東京都新宿区新宿五-十八-二十一
電話　〇三-三二〇九-八二九一

発売　株式会社ワニブックス
〒一五〇-八四八二　東京都渋谷区恵比寿四-四-九　えびす大黒ビル
電話　〇三-五四四九-二七一一

印刷・製本　株式会社光邦（林 和樹）

ISBN 978-4-8470-9729-4 C0095